# BIBLIOTHÈQUE NA'

COLLECTION DES MEILLEURS AUTEURS ANCIENS ET MODERNES

### Fondée en 1863

---

# ALFRED DE MUSSET

---

# LA COUPE ET LES LÈVRES

—

# ON NE BADINE PAS
## AVEC L'AMOUR

—

# UN CAPRICE

—

## RAPPELLE-TOI

—

## RONDEAU

---

## PARIS

### LIBRAIRIE DE LA BIBLIOTHÈQUE NATIONALE

PASSAGE MONTESQUIEU, 5, RUE MONTESQUIEU
*Près le Palais-Royal*

—

### 1908

# AU LECTEUR

Figure-toi, lecteur, que ton mauvais génie
T'a fait prendre ce soir un billet d'Opéra.
Te voilà devenu parterre ou galerie,
Et tu ne sais pas trop ce qu'on te chantera.

Il se peut qu'on t'amuse, il se peut qu'on t'ennuie;
Il se peut que l'on pleure, à moins que l'on ne rie;
Et le terme moyen, c'est que l'on bâillera.
Qu'importe? c'est la mode, et le temps passera.

Mon livre, ami lecteur, t'offre une chance égale.
Il te coûte à peu près ce que coûte une stalle;
Ouvre-le sans colère, et lis-le d'un bon œil.

Qu'il te déplaise ou non, ferme-le sans rancune;
Un spectacle ennuyeux est chose assez commune,
Et tu verras le mien sans quitter ton fauteuil.

# LA COUPE ET LES LÈVRES

## POÈME DRAMATIQUE

*Si près et pourtant si loin !*
*Qu'il y a loin de la coupe*

Entre la coupe et les lèvres, il reste encore
de la place pour un malheur.

*aux lèvres !*

Ancien proverbe.

## PERSONNAGES

LE CHASSEUR FRANK.
LE PALATIN STRANIO.
LE CHEVALIER GUNTHER.
UN LIEUTENANT DE FRANK.
MONTAGNARDS.
CHEVALIERS.
MOINES.
PEUPLE.
MONNA BELCOLORE
DÉIDAMIA.

# DÉDICACE

---

## A M. ALFRED T***

Voici, mon cher ami, ce que je vous dédie :
Quelque chose approchant comme une tragédie,
Un spectacle; en un mot, quatre mains de papier.
J'attendrai là-dessus que le diable m'éveille.
Il est sain de dormir, — ignoble de bâiller.
J'ai fait trois mille vers : allons, c'est à merveille.
Baste! il faut s'en tenir à sa vocation.
Mais quelle singulière et triste impression
Produit un manuscrit! — Tout à l'heure, à ma table,
Tout ce que j'écrivais me semblait admirable.
Maintenant, je ne sais, — je n'ose y regarder.
Au moment du travail, chaque nerf, chaque fibre
Tressaille comme un luth que l'on vient d'accorder.
On n'écrit pas un mot que tout l'être ne vibre.
(Soit dit sans vanité, c'est ce que l'on ressent.)
On ne travaille pas, — on écoute, — on attend.
C'est comme un inconnu qui vous parle à voix basse.
On reste quelquefois une nuit sur la place,
Sans faire un mouvement et sans se retourner.

On est comme un enfant dans ses habits de **fête**,
Qui craint de se salir et de se profaner;
Et puis, — et puis, — enfin! on a mal à la **tête**.
Quel étrange réveil! — comme on se sent **boiteux**!
Comme on voit que Vulcain vient de tomber des
    cieux!
C'est l'effet que produit une prostituée,
Quand, le corps assouvi, l'âme s'est réveillée,
Et que, comme un vivant qu'on vient d'ensevelir,
L'esprit lève en pleurant le linceul du plaisir.
Pourtant c'est l'opposé; c'est le corps, c'est l'argile;
C'est le cercueil humain, un moment entr'ouvert,
Qui, laissant retomber son couvercle débile,
Ne se souvient de rien, sinon qu'il a souffert.

Si tout finissait là! voilà le mot terrible.
C'est **Jésus**, couronné d'une flamme invisible,
Venant du Pharisien partager le repas.
Le Pharisien parfois voit luire une auréole
Sur son hôte divin, — puis, quand elle s'envole,
Il dit au fils de Dieu : « Si tu ne l'étais pas? »
Je suis le Pharisien, et je dis à mon hôte :
« Si ton démon céleste était un imposteur? »
Il ne s'agit pas là de reprendre une faute,
De retourner un vers comme un commentateur,
Ni de se remâcher comme un bœuf qui rumine.
Il est assez de mains, chercheuses de vermine,
Qui savent éplucher un récit malheureux,
Comme un pâtre espagnol épluche un chien lépreux.
Mais croire que l'on tient les pommes d'Hespérides
Et presser tendrement un navet sur son cœur!
Voilà, mon cher ami, ce qui porte un auteur
A des autodafés, — à des infanticides.
Les rimeurs, vous voyez, sont comme les amants :
Tant qu'on n'a rien écrit, il en est d'une idée

Comme d'une beauté qu'on n'a pas possédée.
On l'adore, on la suit, — ses détours sont charmant.
Pendant que l'on tisonne en regardant la cendre,
On la voit voltiger ainsi qu'un salamandre ;
Chaque mot fait pour elle est comme un billet doux ;
On lui donne à souper ; — qui le sait mieux que vous ?
(Vous pourriez au besoin traiter une princesse.)
Mais, dès qu'elle se rend, bonsoir, le charme cesse.
On sent dans sa prison l'hirondelle mourir.
Si tout cela, du moins, vous laissait quelque chose !
On garde le parfum en effeuillant la rose ;
Il n'est si triste amour qui n'ait son souvenir.

Lorsque la jeune fille, à la source voisine,
A, sous les nénuphars, lavé ses bras poudreux,
Elle reste au soleil, les mains sur sa poitrine,
A regarder longtemps pleurer ses beaux cheveux.
Elle sort, mais pareille aux rochers de Borghèse,
Couverte de rubis comme un poignard persan, —
Et sur son front luisant sa mère qui la baise
Sent du fond de son cœur la fraîcheur de son sang.
Mais le poète, hélas ! s'il puise à la fontaine,
C'est comme un braconnier poursuivi dans la plaine,
Pour boire dans sa main et courir se cacher, —
Et cette main brûlante est prompte à se sécher.
Je ne fais pas grand cas, pour moi, de la critique ;
Toute mouche qu'elle est, c'est rare qu'elle pique.
On m'a dit l'an passé que j'imitais Byron :
Vous qui me connaissez, vous savez bien que non.
Je hais comme la mort l'état de plagiaire ;
Mon verre n'est pas grand, mais je bois dans
        mon verre.
C'est bien peu, je le sais, que d'être homme de
        bien,
Mais toujours est-il vrai que je n'exhume rien.

Je ne me suis pas fait écrivain politique,
N'étant pas amoureux de la place publique.
D'ailleurs, il n'entre pas dans mes prétentions
D'être l'homme du siècle et de ses passions.
C'est un triste métier que de suivre la foule,
Et de vouloir crier plus fort que les meneurs,
Pendant qu'on se raccroche au manteau des traî-
       neurs.
On est toujours à sec, quand le fleuve s'écoule.
Que de gens aujourd'hui chantent la liberté,
Comme ils chantaient les rois, ou l'homme de
       Brumaire !
Que de gens vont se pendre au levier populaire,
Pour relever le dieu qu'ils avaient souffleté !
On peut traiter cela du beau nom de roûrie,
Dire que c'est le monde et qu'il faut qu'on en rie.
C'est peut-être un métier charmant; mais, tel qu'il est,
Si vous le trouvez beau, moi, je le trouve laid.
Je n'ai jamais chanté ni la paix ni la guerre;
Si mon siècle se trompe, il ne m'importe guère;
Tant mieux s'il a raison, et tant pis s'il a tort;
Pourvu qu'on dorme encore au milieu du tapage,
C'est tout ce qu'il me faut, et je ne crains pas l'âge
Où les opinions deviennent un remord.

Vous me demanderez si j'aime ma patrie.
Oui; — j'aime fort aussi l'Espagne et la Turquie.
Je ne hais pas la Perse et je crois les Hindous
De très honnêtes gens qui boivent comme nous.
Mais je hais les cités, les pavés et les bornes,
Tout ce qui porte l'homme à se mettre en troupeau
Pour vivre entre deux murs et quatre faces mornes,
Le front sous un moellon, les pieds sur un tombeau.

Vous me demanderez si je suis catholique.

Oui ; — j'aime fort aussi les dieux Lath et Nésu ;
Tartak et Pimpocau me semblent sans réplique ;
Que dites-vous encor de Parabavastu ?
J'aime Bidi, — Khoda me paraît un bon sire ;
Et, quant à Kichatan, je n'ai rien à lui dire.
C'est un bon petit dieu que le dieu Michapous.
Mais je hais les cagots, les robins et les cuistres,
Qu'ils servent Pimpocau, Mahomet, ou Vishnou.
Vous pouvez de ma part répondre à leurs ministres
Que je ne sais comment je vais je ne sais où.

Vous me demanderez si j'aime la sagesse.
Oui ; — j'aime fort aussi le tabac à fumer.
J'estime le bordeaux, surtout dans sa vieillesse ;
J'aime tous les vins francs, parce qu'ils font aimer.
Mais je hais les cafards, et la race hypocrite
Des tartufes de mœurs, comédiens insolents,
Qui mettent leurs vertus en mettant leurs gants
            blancs.
Le diable était bien vieux lorsqu'il se fit ermite.
Je le serai si bien, quand ce jour-là viendra,
Que ce sera le jour où l'on m'enterrera.

Vous me demanderez si j'aime la nature.
Oui ; — j'aime fort aussi les arts et la peinture.
Le corps de la Vénus me paraît merveilleux.
La plus superbe femme est-elle préférable ?
Elle parle, il est vrai, mais l'autre est admirable.
Et je suis quelquefois pour les silencieux.
Mais je hais les pleurards, les rêveurs à nacelles,
Les amants de la nuit, des lacs, des cascatelles.
Cette engeance sans nom, qui ne peut faire un pas
Sans s'inonder de vers, de pleurs et d'agendas.
La nature, sans doute, est comme on veut la prendre.
Il se peut, après tout, qu'ils sachent la comprendre ;

Mais eux, certainement, je ne les comprends pas.

Vous me demanderez si j'aime la richesse.
Oui ; — j'aime aussi parfois la médiocrité.
Et surtout, et toujours, j'aime mieux ma maîtresse ;
La fortune, pour moi, n'est que la liberté.
Elle a cela de beau, de remuer le monde,
Que, dès qu'on la possède, il faut qu'on en réponde,
Et que, seule, elle met à l'air la volonté.
Mais je hais les pieds plats, je hais la convoitise.
J'aime mieux un joueur qui prend le grand chemin ;
Je hais le vent doré qui gonfle la sottise,
Et dans quelque cent ans j'ai bien peur qu'on ne dise
Que notre siècle d'or fut un siècle d'airain.

Vous me demanderez si j'aime quelque chose.
Je m'en vais vous répondre à peu près comme
            Hamlet :
Doutez, Ophélia, de tout ce qui vous plaît,
De la clarté des cieux, du parfum de la rose ;
Doutez de la vertu, de la nuit et du jour ;
Doutez de tout au monde, et jamais de l'amour.
Tournez-vous là, mon cher, comme l'héliotrope
Qui meurt les yeux fixés sur son astre chéri,
Et préférez à tout, comme le Misanthrope,
La chanson de ma mie, et du Bon roi Henri.
Doutez, si vous voulez, de l'être qui vous aime,
D'une femme ou d'un chien, mais non de l'amour
            même.
L'amour est tout, — l'amour, et la vie au soleil.
Aimer est le grand point, qu'importe la maîtresse ?
Qu'importe le flacon, pourvu qu'on ait l'ivresse :
Faites-vous de ce monde un songe sans réveil.
S'il est vrai que Schiller n'ait aimé qu'Amélie,
Gœthe que Marguerite, et Rousseau que Julie,

Que la terre leur soit légère! — Ils ont aimé.

Vous trouverez, mon cher, mes rimes bien mauvaises;
Quant à ces choses-là, je suis un réformé.
Je n'ai plus de système, et j'aime mieux mes aises;
Mais j'ai toujours trouvé honteux de cheviller.
Je vois chez quelques-uns, en ce genre d'escrime,
Des rapports trop exacts avec un menuisier.
Gloire aux auteurs nouveaux, qui veulent à la rime
Une lettre de plus qu'il n'en fallait jadis!
Bravo! c'est un bon clou de plus à la pensée.
La vieille liberté par Voltaire laissée
Etait bonne autrefois pour les petits esprits.

Un long cri de douleur traversa l'Italie
Lorsqu'au pied des autels Michel-Ange expira.
Le siècle se fermait, — et la mélancolie,
Comme un pressentiment, des vieillards s'empara.
L'art, qui sous ce grand homme avait quitté la terre
Pour se suspendre au ciel, comme le nourrisson
Se suspend et s'attache aux lèvres de sa mère,
L'art avec lui tomba. — Ce fut le dernier nom
Dont le peuple toscan ait gardé la mémoire.
Aujourd'hui l'art n'est plus, — personne n'y veut
       croire.
Notre littérature a cent mille raisons
Pour-parler de noyés, de morts et de guenilles;
Elle-même est un mort que nous galvanisons.
Elle entend son affaire en nous peignant des filles,
En tirant des égouts les muses de Régnier.
Elle-même en est une, et la plus délabrée
Qui de fard et d'onguents ne soit jamais plâtrée.
Nous l'avons tous usée, — et moi tout le premier.
Est-ce à moi, maintenant, au point où nous en
       sommes,

De vous parler de l'art et de le regretter ?
Un mot pourtant encore avant de vous quitter.
Un artiste est un homme, — il écrit pour des
    hommes.
Pour prêtresse du temple, il a la liberté ;
Pour trépied, l'univers ; pour éléments, la vie ;
Pour encens, la douleur, l'amour et l'harmonie ;
Pour victime, son cœur, — pour dieu, la vérité.
L'artiste est un soldat qui, des rangs d'une armée,
Sort, et marche en avant, — ou chef, — ou déserteur ;
Par deux chemins divers il peut sortir vainqueur.
L'un, comme Calderon et comme Mérimée,
Incruste un plomb brûlant sur la réalité,
Découpe à son flambeau la silhouette humaine,
En emporte le moule, et jette sur la scène
Le plâtre de la vie avec sa nudité.
Pas un coup de ciseau sur la sombre effigie,
Rien qu'un masque d'airain, tel que Dieu l'a fondu.
Cherchez-vous la morale et la philosophie ?
Rêvez si vous voulez, — voilà ce qu'il a vu.
L'autre, comme Racine et le divin Shakspeare,
Monte sur le théâtre, une lampe à la main,
Et de sa plume d'or ouvre le cœur humain.
C'est pour vous qu'il y fouille, afin de vous redire
Ce qu'il aura senti, ce qu'il aura trouvé,
Surtout, en le trouvant, ce qu'il aura rêvé.
L'action n'est pour lui qu'un moule à sa pensée.
Hamlet tuera Clodius. — Joad tuera Mathan ; —
Qu'importe le combat, si l'éclair de l'épée
Peut nous servir dans l'ombre à voir les combat-
    tants ?
Le premier sous les yeux vous étale un squelette :
Songez, si vous voulez, de quels muscles d'athlète,
De quelle chair superbe, et de quels vêtements
Pourraient être couverts de si beaux ossements.

Le second vous déploie une robe éclatante,
Des muscles invaincus, une chair palpitante,
Et vous laisse à penser quels sublimes ressorts
Impriment l'existence à de pareils dehors.
Celui-là voit l'effet, — et celui-ci la cause.
Sur cette double loi le monde entier repose :
Dieu seul (qui se connaît) peut tout voir à la fois.

Quant à moi, Petit-Jean, quand je vois, — quand
      je vois,
Je vous préviens, mon cher, que ce n'est pas
      grand'chose ;
Car, pour y voir longtemps, j'aime trop à voir clair :
*Man delights not me, sir, nor woman neither.*
Mais, s'il m'était permis de choisir une route,
Je prendrais la dernière, et m'y noierais sans doute.
Je suis passablement en humeur de rêver,
Et je m'arrête ici, pour ne pas le prouver.

Je ne sais trop à quoi tend tout ce bavardage.
Je voulais mettre un mot sur la première page
A mon très honoré, très honorable ami,
Monsieur — et cœtera, — comme on met au-
      jourd'hui,
Quand on veut proprement faire une dédicace.
Je l'ai faite un peu longue, et je m'en aperçois.
On va s'imaginer que c'est une préface.
Moi qui n'en lis jamais ! — ni vous non plus, je crois.

# INVOCATION

Aimer, boire et chasser, voilà la vie humaine
Chez les fils du Tyrol, — peuple héroïque et fier !

Montagnard comme l'aigle et libre comme l'air !
Beau ciel, où le soleil a dédaigné la plaine,
Ce paisible océan dont les monts sont les flots !
Beau ciel tout sympathique, et tout peuplé d'échos !
Là, siffle autour des puits l'écumeur des mon-
        tagnes,
Qui jette au vent son cœur, sa flèche et sa chanson.
Venise vient au loin dorer son horizon.
La robuste Helvétie abrite ses campagnes.
Ainsi les vents du sud t'apportent la beauté,
Mon Tyrol, et les vents du nord la liberté.

Salut, terre de glace, amante des nuages,
Terre d'hommes errants et de daims en voyages,
Terre sans oliviers, sans vigne et sans moissons.
Ils sucent un sein dur, mère, tes nourrissons ;
Mais ils t'aiment ainsi, — sous la neige bleuâtre
De leurs lacs vaporeux, sous ce pâle soleil
Qui respecte les bras de leurs femmes d'albâtre,
Sous la ronce des champs qui mord leur pied
        vermeil.
Noble terre, salut ! Terre simple et naïve,
Tu n'aimes pas les arts, toi qui n'es pas oisive.
D'efféminés rêveurs tu n'es pas le séjour ;
On ne fait sous ton ciel que la guerre et l'amour.
On ne se vieillit pas dans tes longues veillées.
Si parfois tes enfants, dans l'écho des vallées,
Mêlent un doux refrain aux soupirs des roseaux,
C'est qu'ils sont nés chanteurs, comme de gais
        oiseaux.
Tu n'as rien, toi, Tyrol, ni temples, ni richesse,
Ni poètes, ni dieux. — Tu n'as rien, chasseresse !
Mais l'amour de ton cœur s'appelle d'un beau nom :
La liberté ! — Qu'importe au fils de la montagne
Pour quel despote obscur envoyé d'Allemagne

L'homme de la prairie écorche le sillon ?
Ce n'est pas son métier de traîner la charrue ;
Il couche sur la neige, il soupe quand il tue ;
Il vit dans l'air du ciel, qui n'appartient qu'à Dieu.

— L'air du ciel ! l'air de tous ! vierge comme le feu !
Oui, la liberté meurt sur le fumier des villes.
Oui, vous qui la plantez sur vos guerres civiles,
Vous la semez en vain, même sur vos tombeaux ;
Il ne croît pas si bas, cet arbre aux verts rameaux ;
Il meurt dans l'air humain, plein de râles im-
        mondes ;
Il respire celui que respirent les mondes.
Montez, voilà l'échelle, et Dieu qui tend les bras.
Montez à lui, rêveurs, il ne descendra pas !
Prenez-moi la sandale, et la pique ferrée :
Elle est là, sur les monts, la liberté sacrée.
C'est là qu'à chaque pas l'homme la voit venir,
Ou, s'il l'a dans le cœur, qu'il l'y sent tressaillir.
Tyrol, nul barde encor n'a chanté tes contrées.
Il faut des citronniers à nos muses dorées,
Et tu n'est pas banal, toi dont la pauvreté
Tend une maigre main à l'hospitalité.
— Pauvre hôtesse, ouvre-moi ! — tu vaux bien
        l'Italie,
Messaline en haillons, sous les baisers pâlie,
Que tout père à son fils paye à sa puberté.
Moi, je te trouve vierge, et c'est une beauté ;
C'est la mienne ; — il me faut, pour que ma soif
        s'étanche,
Que le flot soit sans tache et clair comme un miroir.
Ce sont les chiens errants qui vont à l'abreuvoir.
Je t'aime. — Ils ne t'ont pas levé ta robe blanche.
Tu n'as pas, comme Naple, un tas de visiteurs,
Et des ciceroni pour tes entremetteurs.

La neige tombe en paix sur tes épaules nues. —
Je t'aime, sois à moi. Quand la virginité
Disparaîtra du ciel, j'aimerai des statues.
Le marbre me va mieux que l'impure Phryné
Chez qui les affamés vont chercher leur pâture,
Qui fait passer la rue au travers de son lit,
Et qui n'a pas le temps de nouer sa ceinture
Entre l'amant du jour et celui de la nuit.

# ACTE PREMIER

## SCÈNE PREMIÈRE

Une place publique. — Un grand feu au milieu.

### LES CHASSEURS, FRANK

### LE CHŒUR

Pâle comme l'amour, et de pleurs arrosée,
La nuit aux pieds d'argent descend dans la rosée.
Le brouillard monte au ciel et le soleil s'enfuit.
Eveillons le plaisir, son aurore est la nuit !
Diane a protégé notre course lointaine.
Chargés d'un lourd butin, nous marchons avec peine,
Amis, reposons-nous ; — déjà, le verre en main,
Nos frères sous ce toit commencent leur festin.

### FRANK

Moi, je n'ai rien tué : — la ronce et la bruyère
Ont déchiré mes mains ; — mon chien, sur la
        poussière,
A léché dans mon sang la trace de mes pas.

### LE CHŒUR

Ami, les jours entre eux ne se ressemblent pas.
Approche, et viens grossir notre joyeuse troupe.

L'amitié, camarade, est semblable à la coupe
Qui passe, au coin du feu, de la main à la main.
L'un y boit son bonheur, et l'autre sa misère ;
Le ciel a mis l'oubli pour tous au fond du verre ;
Je suis heureux ce soir, tu le seras demain.

### FRANK

Mes malheurs sont à moi, je ne prends pas les vôtres.
Je ne sais pas encor vivre aux dépens des autres ;
J'attendrai pour cela qu'on m'ait coupé les mains.
Je ne ferai jamais qu'un maigre parasite,
Car ce n'est qu'un long jeûne et qu'une faim maudite
Qui me feront courir à l'odeur des festins.
Je tire mieux que vous, et j'ai meilleure vue.
Pourquoi ne vois-je rien? voilà la question.
Suis-je un épouvantail ? — ou bien l'occasion,
Cette prostituée, est-elle devenue
Si boiteuse et si chauve, à force de courir,
Qu'on ne puisse à la nuque une fois la saisir ?
J'ai cherché comme vous le chevreuil dans la plaine;
Mon voisin l'a tué, mais je ne l'ai pas vu.

### LE CHŒUR

Et si c'est ton voisin, pourquoi le maudis-tu ?
C'est la communauté qui fait la force humaine.
Frank, n'irrite pas Dieu, — le roseau doit plier.
L'homme sans patience est la lampe sans huile,
Et l'orgueil en colère est mauvais conseiller.

### FRANK

Votre communauté me soulève la bile.
Je n'en suis pas encore à mendier mon pain.
Mordieu ! voilà de l'or, messieurs, j'ai de quoi vivre.
S'il plaît à l'ennemi des hommes de me suivre.
Il peut s'attendre encore à faire du chemin.
Il faut être bâtard pour coudre sa misère
Aux misères d'autrui. — Suis-je un esclave ou non?

Le pacte social n'est pas de ma façon :
Je ne l'ai pas signé dans le sein de ma mère.
Si les autres ont peu, pourquoi n'aurais-je rien ?
Vous qui parlez de Dieu, vous blasphémez le mien.
Tout nous vient de l'orgueil, même la patience.
L'orgueil, c'est la pudeur des femmes, la constance
Du soldat dans le rang, du martyr sur la croix.
L'orgueil, c'est la vertu, l'honneur et le génie,
C'est ce qui reste encor d'un peu beau dans la vie,
La probité du pauvre et la grandeur des rois.
Je voudrais bien savoir, nous tous tant que nous
                    sommes,
Et moi tout le premier, à quoi nous sommes bons ?
Voyez-vous ce ciel pâle, au delà de ces monts ?
Là, du soir au matin, fument autour des hommes
Ces vastes alambics qu'on nomme les cités.
Intrigues, passions, périls et voluptés,
Toute la vie est là, — tout en sort, tout y rentre.
Tout se disperse ailleurs, et là tout se concentre.
L'homme y presse ses jours pour en boire le vin,
Comme le vigneron presse et tord son raisin.

### LE CHŒUR

Frank, une ambition terrible te dévore.
Ta pauvreté superbe elle-même s'abhorre ;
Tu te hais, vagabond, dans ton orgueil de roi,
Et tu hais ton voisin d'être semblable à toi.
Parle, aimes-tu ton père ? aimes-tu ta patrie ?
Au souffle du matin sens tu ton cœur frémir,
Et t'agenouilles-tu lorsque tu vas dormir ?
De quel sang es-tu fait, pour marcher dans la vie
Comme un homme de bronze, et pour que l'amitié,
L'amour, la confiance et la douce pitié
Viennent toujours glisser sur ton être insensible,
Comme des gouttes d'eau sur un marbre poli ?

Ah! celui-là vit mal qui ne vit que pour lui.
L'âme, rayon du ciel, prisonnière invisible,
Souffre dans son cachot de sanglantes douleurs.
Du fond de son exil elle cherche ses sœurs,
Et les pleurs et les chants sont les voix éternelles
De ces filles de Dieu qui s'appellent entre elles.

### FRANK

Chantez donc, et pleurez, si c'est votre souci.
Ma malédiction n'est pas bien redoutable ;
Telle qu'elle est pourtant je vous la donne ici.
Nous allons boire un toast, en nous mettant à table,
Et je vais le porter :          (*Prenant un verre.*)
          Malheur aux nouveau-nés !
Maudit soit le travail ! maudite l'espérance !
Malheur au coin de terre où germe la semence,
Où tombe la sueur de deux bras décharnés !
Maudits soient les liens du sang et de la vie!
Maudites la famille et la société !
Malheur à la maison, malheur à la cité,
Et la malédiction sur la mère patrie!

### UN AUTRE CHŒUR, *sortant de la maison.*

Qui parle ainsi? qui vient jeter sur notre toit,
A cette heure de nuit, ces clameurs monstrueuses,
Et nous sonner ainsi les trompettes hideuses (1)
Des malédictions? — Frank, réponds, est-ce toi ?
Ce n'est pas d'aujourd'hui que je connais ta vie.
Tu n'es qu'un paresseux plein d'orgueil et d'envie.
Mais de quel droit viens-tu troubler des gens de bien?
Tu hais notre métier, Judas ! et nous, le tien.
Que ne vas-tu courir et tenter la fortune,
Si le toit de ton père est trop bas pour ton front?
Ton orgueil est scellé comme un cercueil de plomb.

---

(1) That such a hideous trumpet calls to parley, etc.
                    *Macbeth*, acte II.

Tu crois punir le ciel en lui gardant rancune ;
Et tout ce que tu peux, c'est de roidir tes bras
Pour blasphémer un Dieu qui ne t'aperçoit pas.
Travailles-tu pour vivre, et pour t'aider toi-même ?
Ne te souviens-tu pas que l'ange du blasphème
Est de tous les déchus le plus audacieux,
Et qu'avant de maudire il est tombé des cieux ?

#### TOUS LES CHASSEURS

Pourquoi refuses-tu ta place à notre table ?

#### FRANK, à *l'un d'eux.*

Hélas ! noble seigneur, soyez-moi charitable.
Un denier, s'il vous plaît, j'ai bien soif et bien faim.
Rien qu'un pauvre denier pour m'acheter du pain.

#### LE CHŒUR

Te fais-tu le bouffon de ta propre détresse ?

#### FRANK

Seigneur, si vous avez une belle maîtresse,
Je puis la célébrer, et chanter tour à tour
La médiocrité, l'innocence et l'amour.
C'est bien le moins qu'un pauvre égaye un peu
                  son hôte.
S'il est pauvre, après tout, s'il a faim, c'est sa faute.
Mais croyez-vous qu'il soit prudent et généreux
De jeter des pavés sur l'homme qui se noie ?
Il ne faut pas pousser à bout les malheureux.

#### LE CHŒUR

A quel sombre démon ton âme est-elle en proie ?
Tu railles tristement et misérablement.

#### FRANK

Car, si ces malheureux ont quelque orgueil dans l'âme,
S'ils ne sont pas pétris d'une argile de femme,
S'ils ont un cœur, s'ils ont des bras, ou seulement

S'ils portent par hasard une arme à la ceinture...

LE CHŒUR

Que veut dire ceci? veux-tu nous provoquer?

FRANK

Un poignard peut se tordre, et le coup peut manquer.
Mais si, las de lui-même et de sa vie obscure,
Le pauvre qu'on insulte allait prendre un tison,
Et le porter en feu dans sa propre maison!

> (*Il prend une bûche embrasée dans le feu
> allumé sur la place, et la jette dans sa
> chaumière.*)

Sa maison est à lui, — c'est le toit de son père,
C'est son toit, — c'est son bien, le tombeau solitaire
Des rêves de ses jours, des larmes de ses nuits;
Le feu doit y rester, si c'est lui qui l'a mis.

LE CHŒUR

Agis-tu dans la fièvre? Arrête, incendiaire!
Veux-tu du même coup brûler la ville entière?
Arrête! — où nos enfants dormiront-ils demain?

FRANK

Me voici sur le seuil, mon épée à la main.
Approchez maintenant, fussiez-vous une armée.
Quand l'univers devrait s'en aller en fumée,
Tonnerre et sang! je fais un spectre du premier
Qui jette un verre d'eau sur un brin de fumier.
Ah! vous croyez, messieurs, si je vous importune,
Qu'on peut impunément me chasser comme un chien?
Ne m'avez-vous pas dit d'aller chercher fortune?
J'y vais. — Vous l'avez dit, vous qui n'en feriez rien;
Moi, je le fais, — je pars. — J'illumine la ville.
J'en aurai le plaisir, en m'en allant ce soir,
De la voir de plus loin, s'il me plaît de la voir.
Je ne fais pas ici de folie inutile :

Ceux qui m'ont accusé de paresse et d'orgueil
Ont dit la vérité. — Tant que cette chaumière
Demeurera debout, ce sera mon cercueil.
Ce petit toit, messieurs, ces quatre murs de pierre,
C'était mon patrimoine, et c'est assez longtemps
Pour aimer son fumier, que d'y dormir vingt ans.
Je le brûle, et je pars; — c'est moi, c'est mon fantôme
Que je disperse aux vents avec ce toit de chaume.
Maintenant, vents du nord, vous n'avez qu'à souffler;
Depuis assez longtemps, dans les nuits de tempête,
Vous venez ébranler ma porte et m'appeler.
Frères, je viens à vous, — je vous livre ma tête.
Je pars, — et désormais que Dieu montre à mes pas
Leur route, — ou le hasard, si Dieu n'existe pas!

(Il sort en courant.)

## SCÈNE II

Une plaine. — Frank rencontre une jeune fille.

### LA JEUNE FILLE

Bonsoir, Frank, où vas-tu? la plaine est solitaire.
Qu'as-tu fait de tes chiens, imprudent montagnard?

#### FRANK

Bonsoir, Déidamia, qu'as-tu fait de ta mère?
Prudente jeune fille, où t'en vas-tu si tard?

#### LA JEUNE FILLE

J'ai cueilli sur ma route un bouquet d'églantine;
Le voilà, si tu veux, pour te porter bonheur.

(Elle lui jette son bouquet.)

#### FRANK, seul, ramassant le bouquet.

Comme elle court gaîment! Sa mère est ma voisine;
J'ai vu cet enfant-là grandir et se former.
Pauvre, innocente fille! elle aurait pu m'aimer.

(Exit.)

## SCÈNE III

Un chemin creux dans une forêt. — Le point du jour.

### FRANK, assis *sur l'herbe.*

Et quand tout sera dit, — quand la triste demeure
De ce malheureux Frank, de ce vil mendiant,
Sera tombée en poudre et dispersée au vent,
Lui, que deviendra-t-il? — Il sera temps qu'il meure!
Et, s'il est jeune encor, s'il ne veut pas mourir?
Ah! massacre et malheur! que vais-je devenir?

(Il s'endort.)

### UNE VOIX, *dans un songe.*

Il est deux routes dans la vie :
L'une solidaire et fleurie,
Qui descend sa pente chérie
Sans se plaindre et sans soupirer.
Le passant la remarque à peine,
Comme le ruisseau de la plaine,
Que le sable de la fontaine
Ne fait pas même murmurer.
L'autre comme un torrent sans digue,
Dans une éternelle fatigue,
Sous les pieds de l'enfant prodigue
Roule la pierre d'Ixion.
L'une est bornée, et l'autre immense,
L'une meurt où l'autre commence;
La première est la patience,
La seconde est l'ambition.

### FRANK, *rêvant.*

Esprits! si vous venez m'annoncer ma ruine,
Pourquoi le Dieu qui me créa
Fit-il, en m'animant, tomber sur ma poitrine
L'étincelle divine
Qui me consumera?

Pourquoi suis-je le feu qu'un salamandre habite ?
Pourquoi sens-je mon cœur se plaindre et s'étonner,
Ne pouvant contenir ce rayon qui s'agite,
Et qui, venu du ciel, y voudrait retourner ?

### LA VOIX

Ceux dont l'ambition a dévoré la vie,
Et qui sur cette terre ont cherché la grandeur,
Ceux-là, dans leur orgueil, se sont fait un honneur
De mépriser l'amour et sa douce folie.
Ceux qui, loin des regards, sans plainte et sans désirs,
Sont morts silencieux sur le corps d'une femme,
O jeune montagnard, ceux-là, du fond de l'âme,
Ont méprisé la gloire et ses tristes plaisirs.

### FRANK

Vous parlez de grandeur, et vous parlez de gloire.
Aurai-je des trésors ? l'homme dans sa mémoire
    Garde-t-il mon souvenir ?
Répondez, répondez, avant que je m'éveille.
    Déroulez-moi ce qui sommeille
    Dans l'océan de l'avenir !

### LA VOIX

Voici l'heure où, le cœur libre d'inquiétude,
Tu te levais jadis pour reprendre l'étude,
Tes pensers de la veille et tes travaux du jour.
Seul, poursuivant tout bas tes chimères d'amour,
Tu gagnais lentement la maison solitaire
Où ta Déidamia veillait près de sa mère.
Frank, tu venais t'asseoir au paisible foyer,
Raconter tes chagrins, sinon les oublier.
Tous deux sans espérance, et dans la solitude,
Enfants, vous vous aimiez, et bientôt l'habitude,
Tous les jours, malgré toi, t'enseigna ce chemin,
Car l'habitude est tout au pauvre cœur humain.

FRANK

Esprits, il est trop tard, j'ai brûlé ma chaumière!

LA VOIX

Repens-toi! repens-toi!

FRANK

Non! non! j'ai tout perdu.

LA VOIX

Repens-toi! repens-toi!

FRANK

Non! j'ai maudit mon père.

LA VOIX

Alors, lève-toi donc, car ton jour est venu.
(*Le soleil paraît, Frank s'éveille. Stranio,
jeune palatin, et sa maîtresse, Monna
Belcolore, passent à cheval.*)

STRANIO

Holà! dérange-toi, manant, pour que je passe.

FRANK

Attends que je me lève, et prends garde à tes pas.

STRANIO

Chien, lève-toi plus vite, ou reste sur la place.

FRANK

Tout beau, l'homme à cheval, tu ne passeras pas.
Dégaîne-moi ton sabre, ou c'est fait de ta vie.
Allons pare ceci.
(*Ils se battent. Stranio tombe.*)

BELCOLORE

Comment t'appelles-tu?

FRANK

Charles Frank.

BELCOLORE

Tu me plais, et tu t'es bien battu.
Ton pays?

FRANK

Le Tyrol.

BELCOLORE

Me trouves-tu jolie?

FRANK

Belle comme un soleil.

BELCOLORE

J'ai dix-huit ans, — et toi?

FRANK

Vingt ans.

BELCOLORE

Monte à cheval, et viens souper chez moi.

(*Exeunt.*)

# ACTE DEUXIÈME

## SCÈNE PREMIÈRE

Un salon.

FRANK, *devant une table chargée d'or.*

De tous les fils secrets qui font mouvoir la vie,
O toi, le plus subtil et le plus merveilleux!
Or! principe de tout, larme au soleil ravie!
Seul dieu toujours vivant, parmi tant de faux dieux,
Méduse, dont l'aspect change le cœur en pierre,
Et fait tomber en poudre aux pieds de la rosière
La robe d'innocence et de virginité!
Sublime corrupteur! — Clef de la volonté! —
Laisse-moi t'admirer! — parle-moi, — viens me dire

Que l'honneur n'est qu'un mot, que la vertu n'est rien ;
Que, dès qu'on te possède, on est homme de bien ;
Que rien n'est vrai que toi ! — Qu'un esprit en délire
Ne saurait inventer de rêves si hardis,
Si monstrueusement en dehors du possible,
Que tu ne puisse encor sur ton levier terrible
Soulever l'univers, pour qu'ils soient accomplis !
—Que de gens cependant n'ont jamais vu qu'en songe
Ce que j'ai devant moi ! —Comme le cœur se plonge
Avec ravissement dans un monceau pareil ! —
Tout cela, c'est à moi ; — les sphères et les mondes
Danseront un millier de valses et de rondes,
Avant qu'un coup semblable ait lieu sous le soleil (1).
Ah ! mon cœur est noyé ! —Je commence à comprendre
Ce qui fait qu'un mourant que le frisson va prendre
A regarder son or trouve encor des douceurs,
Et pourquoi les vieillards se font enfouisseurs.

      (*Comptant.*)
Quinze mille en argent, — le reste en signature.
C'est un coup du destin. —Quelle étrange aventure !
Que ferais-je aujourd'hui, qu'aurais-je fait demain,
Si je n'avais trouvé Stranio sur mon chemin ?
Je tue un grand seigneur, et lui prends sa maîtresse ;
Je m'enivre chez elle, et l'on me mène au jeu.
A jeun, j'aurais perdu, — je gagne dans l'ivresse ;
Je gagne et je me lève. —Ah ! c'est un coup de Dieu.
           (*Il ouvre la fenêtre.*)
Je voudrais bien me voir passer sous ma fenêtre
Tel que j'étais hier. —Moi, Frank, seigneur et maître
De ce vaste logis, possesseur d'un trésor,
Voir passer là-dessous Frank le coureur de lièvres,
Frank le pauvre, l'œil morne et la faim sur les lèvres,
Le voir tendre la main et lui jeter cet or.

---

(1) La terre pourra faire plus de mille danses, etc., etc.
                    SCHILLER.

Tiens, Frank, tiens, mendiant, prend cela, pauvre
　　　　hère.　　　(*Il prend une poignée d'or.*)
Il me semble en honneur que le ciel et la terre
Ne sauraient plus m'offrir que ce qui me convient,
Et que depuis hier le monde m'appartient.
　　　　　　　　　　　　　　(*Exit.*)

## SCÈNE II
### Une route.

### MONTAGNARDS, *passant.*

(*Chanson de chasse, dans le lointain.*)

Chasseur, hardi chasseur, que vois-tu dans l'espace ?
Mes chiens grattent la terre et cherchent une trace.
Debout, mes cavaliers ! c'est le pied du chamois. —
Le chamois s'est levé.—Que ma maîtresse est belle !—
Le chamois tremble et fuit.—Que Dieu veille sur elle
Le chamois rompt la meute et s'enfuit dans le bois. —
Je voudrais par la main tenir ma belle amie. —
La meute et le chamois traversent la prairie :
Hallali, compagnons, la victoire est à nous ! —
Que ma maîtresse est belle, et que ses yeux sont doux !

### LE CHŒUR

Amis, dans ce palais, sur la place où nous sommes,
Respire le premier et le dernier des hommes,
Frank, qui vécut vingt ans comme un hardi chasseur.
Aujourd'hui, dans les fers d'une prostituée,
Que fait-il ? — Nuit et jour cette enceinte est fermée.
La solitude y règne, image de la mort.
Quelquefois seulement, quand la nuit est venue,
On voit à la fenêtre une femme inconnue
Livrer ses cheveux noirs aux vents affreux du nord.
Frank n'est plus ! sur les monts nul ne l'a vu paraître.
Puisse-t-il s'éveiller ! Puisse-t-il reconnaître
La voix des temps passés ! —Frères, pleurons sur lui.

Charles ne viendra plus au joyeux hallali,
Entouré de ses chiens sur les herbes sanglantes,
Découdre, les bras nus, les biches expirantes,
S'asseoir au rendez-vous, et boire dans ses mains
La neige des glaciers, vierge de pas humains.

(Exeunt.)

## SCÈNE III

La nuit. — Une terrasse au bord d'un chemin.

MONNA BELCOLORE, FRANK, assis dans
un kiosque.

### BELCOLORE

Dors, ô pâle jeune homme, épargne ta faiblesse.
Pose jusqu'à demain ton cœur sur ta maîtresse;
La force t'abandonne, et le jour va venir.
Carlo, tes beaux yeux bleus sont las,—tu vas dormir.

### FRANK

Non, le jour ne vient pas,—non, je veille et je brûle!
O Belcolor, le feu dans mes veines circule,
Mon cœur languit d'amour, et, si le temps s'enfuit,
Que m'importe ce ciel, et son jour et sa nuit?

### BELCOLORE

Ah! Carlo, mon Carlo, ta tête chancelante
Va tomber dans mes mains, sur ta coupe brûlante.
Tu t'endors, tu te meurs, tu t'enfuis loin de moi.
Ah! lâche efféminé, tu t'endors malgré toi.

### FRANK

Oui, le jour va venir. — O ma belle maîtresse!
Je me meurs; oui, je suis sans force et sans jeunesse,
Une ombre de moi-même, un reste, un vain reflet,
Et quelquefois la nuit, mon spectre m'apparaît.
Mon Dieu! si jeune hier, aujourd'hui je succombe.
C'est toi qui m'as tué, ton beau corps est ma tombe.

Mes baisers sur ta lèvre en ont usé le seuil.
De tes longs cheveux noirs tu m'as fait un linceul.
Eloigne ces flambeaux, — entr'ouvre la fenêtre.
Laisse entrer le soleil, c'est mon dernier peut-être.
Laisse-le-moi chercher, laisse-moi dire adieu
A ce beau ciel si pur qu'il me fait croire en Dieu !

BELCOLORE

Pourquoi me gardes-tu, si c'est moi qui te tue,
Et si tu te crois mort pour deux nuits de plaisir ?

FRANK

Tous les amants heureux ont parlé de mourir.
Toi, me tuer, mon Dieu ! Du jour où je t'ai vue,
Ma vie a commencé; le reste n'était rien ;
Et mon cœur n'a jamais battu que sur le tien.
Tu m'as fait riche, heureux, tu m'as ouvert le monde.
Regarde, ô mon amour ! quelle superbe nuit !
Devant de tels témoins, qu'importe ce qu'on dit,
Pourvu que l'âme parle, et que l'âme réponde ?
L'ange des nuits d'amour est un ange muet.

BELCOLORE

Combien as-tu gagné ce soir au lansquenet ?

FRANK

Qu'importe ? Je ne sais. — Je n'ai plus de mémoire.
Voyons, — viens dans mes bras, — laisse-moi
        t'admirer. —
Parle, réveille-moi, — conte-moi ton histoire. —
Quelle superbe nuit ! je suis prêt à pleurer.

BELCOLORE

Si tu veux t'éveiller, dis-moi plutôt la tienne.

FRANK

Nous sommes trop heureux pour que je m'en
        souvienne.

*Que dirais-je, d'ailleurs ? Ce qui fait les récits,*
Ce sont des actions, des périls dont l'empire
Est vivace, et résiste à l'heure des oublis.
Mais, moi qui n'ai rien vu, rien fait, qu'ai-je à te dire ?
L'histoire de ma vie est celle de mon cœur ;
C'est un pays étrange où je fus voyageur.
Ah ! soutiens-moi le front, la force m'abandonne !
Parle, parle, je veux t'entendre jusqu'au bout.
Allons, un beau baiser, et c'est moi qui le donne.
Un baiser pour ta vie et qu'on me dise tout,

BELCOLORE, soupirant.

Ah ! je n'ai pas toujours vécu comme l'on pense.
Ma famille était noble et puissante à Florence.
On nous a ruinés ; ce n'est que le malheur
Qui m'a forcée à vivre aux dépens de l'honneur...
Mon cœur n'était pas fait...

FRANK, se détournant.

               Toujours la même histoire.
Voici peut-être ici la vingtième catin
A qui je la demande, et toujours ce refrain !
Qui donc ont-elles vu d'assez sot pour y croire ?
Mon Dieu ! dans quel bourbier me suis-je donc jeté ?
J'avais cru celle-ci plus forte, en vérité ?

BELCOLORE

Quand mon père mourut...

FRANK

            Assez, je t'en supplie.
Je me ferai conter le reste par Julie
Au premier carrefour où je la trouverai.
    (*Tous deux restent en silence quelque temps.*)
Dis-moi, ce fameux jour où tu m'as rencontré,
Pourquoi, par quel hasard, — par quelle sympathie,
T'es-tu de m'emmener senti la fantaisie ?

J'étais couvert de sang, poudreux et mal vêtu.

### BELCOLORE

Je te l'ai déjà dit, tu t'étais bien battu.

### FRANK

Parlons sincèrement, je t'ai semblé robuste.
Tes yeux, ma chère enfant, n'ont pas deviné juste.
Je comprends qu'une femme aime les portefaix ;
C'est un goût comme un autre, il est dans la nature.
Mais moi, si j'étais femme, et si je les aimais,
Je n'irais pas chercher mes gens à l'aventure ;
J'irais tout simplement les prendre aux cabarets ;
J'en ferais lutter six, et puis je choisirais.
Encore un mot : cet homme à qui je t'ai volée
T'entrenait sans doute, — il était ton amant.

### BELCOLORE

Oui.

### FRANK

        — Cette affreuse mort ne t'as pas désolée ?
Cet homme, il m'en souvient, râlait horriblement.
L'œil gauche était crevé, — le pommeau de l'épée
Avait ouvert le front, — la gorge était coupée.
Sous les pieds des chevaux l'homme était étendu.
Comme un lierre arraché qui rampe et qui se traîne
Pour se suspendre encore à l'écorce d'un chêne,
Ainsi ce malheureux se traînait suspendu
Aux restes de sa vie. — Et toi, ce meurtre infâme
Ne t'a pas de dégoût levé le cœur et l'âme ?
Tu n'as pas dit un mot, tu n'as pas fait un pas !

### BELCOLORE

Prétends-tu me prouver que j'aie un cœur de pierre ?

### FRANK

Et ce que je te dis ne te le lève pas !

BELCOLORE

Je hais les mots grossiers,—ce n'est pas ma manière.
Mais, quand il n'en faut qu'un, je n'en dis jamais deux.
Frank, tu ne m'aimes plus.

FRANK

Qui? moi? Je vous adore.
J'ai lu, je ne sais où, ma chère Belcolore,
Que les plus doux instants pour deux amants heureux
Ce sont les entretiens d'une nuit d'insomnie,
Pendant l'enivrement qui succède au plaisir.
Quand les sens apaisés sont morts pour le désir;
Quand, la main à la main, et l'âme à l'âme unie,
On ne fait plus qu'un être, et qu'on sent s'élever
Ce parfum du bonheur qui fait longtemps rêver;
Quand l'amie, en prenant la place de l'amante,
Laisse son bien-aimé regarder dans son cœur,
Comme une fraîche source, où l'onde est confiante,
Laisse sa pureté trahir sa profondeur.
C'est alors qu'on connaît le prix de ce qu'on aime,
Que du choix qu'on a fait on s'estime soi-même,
Et que dans un doux songe on peut fermer les yeux?
N'est-ce pas, Belcolor? n'est-ce pas, mon amie?

BELCOLORE

Laisse-moi.

FRANK

N'est-ce pas que nous sommes heureux?—
Mais, j'y pense! — il est temps de régler notre vie.
Comme on ne peut compter sur les jeux de hasard,
Nous piperons d'abord quelque honnête vieillard,
Qui fournira le vin, les meubles et la table,
Il gardera la nuit, et moi j'aurai le jour.
Tu pourras bien parfois lui jouer quelque tour.
J'entends quelque bon tour, adroit et profitable.
Il aura des amis que nous pourrons griser;

Tu seras le chasseur, et moi, le lévrier.
Avant tout, pour la chambre, une fille discrète,
Capable de graisser une porte secrète,
Mais nous la paîrons bien ; aujourd'hui tout se vend ;
Quant à moi, je serai le chevalier servant.
Nous ferons à nous deux la perle des ménages.

BELCOLORE

Ou tu vas en finir avec tes persiflages,
Ou je vais tout à l'heure en finir avec toi.
Veux-tu faire la paix ? Je ne suis pas boudeuse.
Voyons, viens m'embrasser.

FRANK

        Cette fille est hideuse...
Mon Dieu, deux jours plus tard, c'en était fait de moi !
(*Il va s'appuyer sur la terrasse. Un soldat passe
à cheval sur la route.*)

LE SOLDAT, chantant.

Un soldat qui va son chemin
  Se moque du tonnerre
Il tient son sabre d'une main,
  Et de l'autre son verre.
Quand il meurt, on le porte en terre
  Comme un seigneur.
Son cœur est à son amie,
Son bras est à sa patrie,
Et sa tête à l'empereur.

FRANK, l'appelant.

Holà, l'ami ! deux mots.—Vous semblez un compère
De bonne contenance et de joyeuse humeur.
Vos braves compagnons vont-ils entrer en guerre ?
Dans quelle place forte est donc votre empereur ?

LE SOLDAT

A Glurens. — Dans deux jours nous serons en
    campagne.
Je rejoins de ce pas ma corporation.

FRANK

Venez-vous de la plaine, ou bien de la montagne ?
Connaissez-vous mon père, et savez-vous mon nom ?

LE SOLDAT

Oh ! je vous connais bien. — Vous êtes du village
Vis-à-vis le moulin. — Que faites-vous donc là ?
Venez-vous avec nous ?

FRANK

Oui, certe, et me voilà.
(*Il descend dans le chemin.*)
Je ne me suis pas mis en habit de voyage ;
Vous me prêterez bien un vieux sabre là-bas ?
(*A Belcolore.*)
Adieu, ma belle enfant, je ne souperai pas.

LE SOLDAT

On vous équipera. — Montez toujours en croupe.
Parbleu ! compagnon Frank, vous manquiez à la
troupe.
Ah çà ! dites-moi donc, tout en nous en allant,
S'il est vrai qu'un beau soir...
(*Ils partent au galop.*)
BELCOLORE, *sur le balcon.*

Je l'aime cependant.

# ACTE TROISIÈME

## SCÈNE PREMIÈRE
Devant un Palais. — Glurens.

### CHŒUR DE SOLDATS

Telles par l'ouragan les neiges flagellées
Bondissent en sifflant des glaciers aux vallées,

Tels se sont élancés, au signal du combat,
Les enfants du Tyrol et du Palatinat.
Maintenant l'empereur a terminé la guerre.
Les cantons sur leur porte ont plié leur bannière.
Ecoutez, écoutez ; c'est l'adieu des clairons,
C'est la vieille Allemagne appelant ses barons.
Remonte maintenant, chasseur du cerf timide ;
Remonte, fils du Rhin, compagnon intrépide,
Tes enfants sur ton cœur vont venir se presser.
Sors de la lourde armure, et va les embrasser.
Soldats, arrêtons-nous. — C'est ici la demeure
Du capitaine Frank, du plus grand des soldats.
Notre vieil empereur l'a serré dans ses bras.
Couronné par le peuple, il viendra tout à l'heure
Souper dans ce palais avec ses compagnons.
Jamais preux chevalier n'a mieux conquis sa gloire.
Il a seul, près d'Inspruck, emporté l'aigle noire
Du cœur de la mêlée aux bouches des canons.
Vingt fois ses cuirassiers l'ont cru, dans la bataille,
Coupé par les boulets, brisé par la mitraille.
Il avançait toujours, toujours en éclaireur,
On le voyait du feu sortir comme un plongeur.
Trois balles l'ont frappé ; — sa trace était suivie ;
Mais le Dieu des hasards n'a voulu de sa vie
Que ce qu'il en fallait pour gagner ses chevrons,
Et pouvoir de son sang dorer ses éperons.
Mais que nous veut ici cette fille italienne,
Les cheveux en désordre et marchant à grands pas ?
Où courez-vous si fort, femme ? On ne passe pas.

BELCOLORE, entrant.

Est-ce ici la maison de votre capitaine ?

LES SOLDATS

Oui.—Que lui voulez-vous ?—Parlez au lieutenant.

LE LIEUTENANT

On ne peut ni passer ni monter, ma princesse.

BELCOLORE

Il faut bien que je passe et que j'entre pourtant.
Mon nom est Belcolore, et je suis sa maîtresse.

LE LIEUTENANT

Parbleu ! ma chère enfant, je vous reconnais bien.
J'en suis au désespoir, mais je suis ma consigne.
Si Frank est votre amant, tant mieux; je n'en crois
      rien :
Ce serait un honneur dont vous n'êtes pas digne.

BELCOLORE

S'il n'est pas mon amant, il le sera ce soir.
Je l'aime; comprends-tu? Je l'aime.—Il m'a quittée,
Et je viens le chercher, si tu veux le savoir.

LES SOLDATS

Quelle tête de fer a donc cette effrontée,
Qui court après les gens, un stylet à la main?

BELCOLORE

Il me sert de flambeau pour m'ouvrir le chemin.
Allons, écartez-vous, et montrez-moi la porte.

LE LIEUTENANT

Puisque vous le voulez, ma belle, la voilà.
Qu'elle entre, et qu'on lui donne un homme pour
      escorte.
C'est un diable incarné que cette femme-là.
   (*Belcolore entre dans le palais. Entre Frank,*
     *couronné, à cheval.*)

CHŒUR DU PEUPLE

Couvert de ces lauriers, il te sied, ô grand homme,
De marcher parmi nous comme un triomphateur.

La guerre est terminée, et l'empereur se nomme
　　　Ton royal débiteur.
Descends, repose-toi. — Reste dans l'hippodrome,
Lave tes pieds sanglants, victorieux lutteur.

*(Frank descend de cheval.)*

### CHŒUR DES CHEVALIERS

Homme heureux, jeune encor, tu récoltes la gloire,
Cette plante tardive, amante des tombeaux.
La terre qui t'a vu chasse de sa mémoire
　　　L'ombre de ses héros.
Pareil à Béatrix au seuil du purgatoire,
Tes ailes vont s'ouvrir vers des chemins nouveaux.

### LE PEUPLE

Allons, que ce beau jour, levé sur une fête,
Dans un joyeux banquet finisse dignement.
Tes convives de fleurs ont couronné leur tête ;
　　　Ton vieux père t'attend.
Que tardons-nous encore ? Allons, la table est prête.
Entrons dans ton palais ; déjà la nuit descend.

*(Ils entrent dans le palais.)*

## SCÈNE II

### FRANK, GUNTHER, *restés seuls.*

#### GUNTHER

Ne les suivez-vous pas, seigneur, sous ce portique ?
O mon maître, au milieu d'une fête publique,
Qui d'un si juste coup frappe nos ennemis,
Avez-vous distingué le cœur de vos amis ?
Hélas ! les vrais amis se taisent dans la foule ;
Il leur faut, pour s'ouvrir, que ce vain flot s'écoule.
O mon frère, ô mon maître ! ils t'ont proclamé roi.
Dieu merci, quoique vieux, je puis encor te suivre,
Jeune soleil levant, si le ciel me fait vivre.

Je ne suis qu'un soldat, seigneur, excusez-moi.
Mon amitié vous blesse et vous est importune.
Ne partagez-vous point l'allégresse commune ?
Qui vous arréte ici ? Vous devez être las.
La peine et le danger font les joyeux repas.

### LE CHŒUR, *dans la maison.*

Chantons, et faisons du vacarme,
Comme il convient à de dignes buveurs.
Vivent ceux que le vin désarme !
Les jours de combat ont leur charme ;
Mais la paix a bien ses douceurs.

### GUNTHER

Seigneur, mon cher seigneur, pourquoi ces re-
    gards sombres ?
Le vin coule et circule.—Entendez-vous ces chants ?
Des convives joyeux je vois flotter les ombres
Derrière ces vitraux de feux resplendissants.

### LE CHŒUR, *à la fenétre.*

Frank, pourquoi tardes-tu ? — Gunther, si notre
    troupe
Ne fait pas, sous ce toit, peur à vos cheveux blancs,
Soyez le bienvenu pour vider une coupe.
Nous sommes assez vieux pour oublier les ans.

### GUNTHER

La pâleur de la mort est sur votre visage,
Seigneur. — D'un noir souci votre esprit occupé
Méconnaît-il ma voix ? — De quel sombre nuage
Les rêves de la nuit l'ont-ils enveloppé ?

### FRANK

Fatigué de la route et du bruit de la guerre,
Ce matin de mon camp je me suis écarté :
J'avais soif ; mon cheval marchait dans la poussière ;
Et sur le bord d'un puits je me suis arrêté.

J'ai trouvé sur un banc une femme endormie,
Une pauvre laitière, un enfant de quinze ans,
Que je connais, Gunther. — Sa mère est mon amie,
J'ai passé de beaux jours chez ces bons paysans.
Le cher ange dormait les lèvres demi-closes. —
(Les lèvres des enfants s'ouvrent, comme les roses,
Au souffle de la nuit). — Ses petits bras lassés
Avaient dans son panier roulé les mains ouvertes.
D'herbes et d'églantine elles étaient couvertes.
De quel rêve enfantin ses sens étaient bercés,
Je l'ignore.—On eût dit qu'en tombant sur sa couche,
Elle avait à moitié laissé quelque chanson,
Qui revenait encor voltiger sur sa bouche,
Comme un oiseau léger sur la fleur d'un buisson.
Nous étions seuls. J'ai pris ses deux mains dans
            les miennes,
Je me suis incliné, — sans l'éveiller pourtant. —
O Gunther! J'ai posé mes lèvres sur les siennes,
Et puis je suis parti, pleurant comme un enfant.

# ACTE QUATRIÈME

## SCÈNE PREMIÈRE

Devant le palais de Frank. — La porte est tendue
en noir. — On dresse un catafalque.

FRANK, *vêtu en moine et masqué;* DEUX
SERVITEURS

### FRANK

Que l'on apporte ici les cierges et la bière.
Souvenez-vous surtout que c'est moi qu'on enterre,
Moi, capitaine Frank, mort hier dans un duel.
Pas un mot,—ni regard,—ni haussement d'épaules;

Pas un seul mouvement qui sorte de vos rôles.
Songez-y. — Je le veux.
          (*Les serviteurs s'en vont.*)
              Eh bien! juge éternel,
Je viens t'interroger. Les transports de la fièvre
N'agitent pas mon sein. — Je ne viens ni railler
Ni profaner la mort. — J'agis sans conseiller.
Regarde, et réponds-moi. — Je fais comme l'orfèvre
Qui frappe sur le marbre une pièce d'argent.
Il reconnaît au son la pure fonderie ;
Et moi, je viens savoir quel son rendra ma vie,
Quand je la frapperai sur ce froid monument.
Déjà le jour paraît ; — le soldat sort des tentes.
Maintenant le bois vert chante dans le foyer ;
Les rames du pêcheur et du contrebandier
Se lèvent, de terreur et d'espoir palpitantes.
Quelle agitation, quel bruit dans la cité !
Quel monstre remuant que cette humanité !
Sous ces dix mille toits, que de corps, que d'entrailles !
Que de sueurs sans but, que de sang, que de fiel !
Sais-tu pourquoi tu dors et pourquoi tu travailles,
Vieux monstre aux mille pieds, qui te crois éternel !
Cet honnête cercueil a quelques pieds, je pense,
De plus que mon berceau. — Voilà leur différence.
Ah ! pourquoi mon esprit va-t-il toujours devant,
Lorsque mon corps agit? Pourquoi dans ma poitrine
Ai-je un ver travailleur, qui toujours creuse et mine,
Si bien que sous mes pieds tout manque en arrivant ?
    (*Entre le chœur des soldats et du peuple.*)

### LE CHŒUR

On dit que Frank est mort. Quand donc? com-
           ment s'appelle
Celui qui l'a tué? — Quelle était la querelle ?
On parle d'un combat? — Quand se sont-ils battus?

FRANK, *masqué* (1).

A qui parlez-vous donc? Il ne vous entend plus.
(*Il leur montre la bière.*)

LE CHŒUR, *s'inclinant.*

S'il est un meilleur monde au-dessus de nos têtes,
O Frank! si du séjour des vents et des tempêtes
Ton âme sur ces monts plane et voltige encor,
Si ces rideaux de pourpre et ces ardents nuages,
Que chasse dans l'éther le souffle des orages.
Sont des guerriers couchés dans leurs armures d'or,
Penche-toi noble cœur, sur ces vertes collines,
Et vois tes compagnons briser leurs javelines
Sur cette froide terre, où ton corps est resté!

GUNTHER, *accourant.*

Quoi! si brave et si jeune, et sitôt emporté!
Mon Frank! Est-ce bien vrai, messieurs? Ah!
mort funeste!
Moi qui ne demandais qu'à vivre assez longtemps
Pour te voir accomplir ta mission céleste!
Me voilà seul au monde avec mes cheveux blancs!
Moi qui n'avais de jeune encor qne ta jeunesse!
Moi qui n'aimais que toi! Misérable vieillesse!
Je ne te verrai plus, mon Frank! On t'a tué.

FRANK, *à part.*

Ce pauvre vieux Gunther, je l'avais oublié.

---

(1) Frank, durant cette scène, doit déguiser sa voix. Je
prie ceux qui la trouveraient invraisemblable d'aller au bal
de l'Opéra. Un de mes amis fit déguiser sa servante au
carnaval et la plaça dans son salon, au milieu d'un bal où
personne n'était masqué. On ne lui avait mis qu'un petit
masque sans barbe qui ne cachait point la bouche; et cependant elle dansa presque deux heures entières, sans être
reconnue, avec des jeunes gens à qui elle avait apporté deux
cents verres d'eau dans sa vie.

LE CHŒUR

Qu'on voile les tambours, que le prêtre s'avance ;
A genoux, compagnons, tête nue et silence.
Qu'on dise devant nous la prière des morts.
Nous voulons au tombeau porter le capitaine.
Il est mort en soldat sur la terre chrétienne.
L'âme appartient à Dieu ; l'armée aura le corps.

TROIS MOINES, *s'avançant.*

CHANT

Le Seigneur sur l'ombre éternelle
Suspend son ardente prunelle,
Et, glorieuse sentinelle,
Attend les bons et les damnés.
Il sait qui tombe dans sa voie ;
Lorsqu'il jette au néant sa proie,
Il dit aux maux qu'ils nous envoie :
« Comptez les morts que vous prenez. »

LE CHŒUR, à *genoux.*

Seigneur, j'ai plus péché que vous ne pardonnez.

LES MOINES

Il dit aux épaisses batailles :
« Comptez vos chefs sans funérailles,
Qui pour cercueil ont les entrailles
De la panthère et du lion ;
Que le juste triomphe ou fuie,
Comptez, quand le glaive s'essuie,
Les morts tombés comme la pluie
Sur la montagne et le sillon. »

LE CHŒUR

Seigneur, préservez-moi de la tentation.

LES MOINES

« Car, un jour de pitié profonde,
Ma parole, en terreur féconde,
Sur le pôle arrêtant le monde,
Les trépassés se lèveront ;
Et des mains vides de l'abîme
Tombera la frêle victime,
Qui criera : Grâce ! — et de son crime
Trouvera la tache à son front. »

### LE CHŒUR

Et mes dents grinceront! mes os se sécheront!

### LES MOINES

Qu'il vienne d'en bas ou du faîte,
Selon le dire du prophète,
Justice à chacun sera faite,
Ainsi qu'il aura mérité.
Or donc, gloire à Dieu notre père !
Si l'impie a vécu prospère,
Que le juste en son âme espère !
Gloire à la sainte Trinité !          .

### FRANK, à *part*.

C'est une jonglerie atroce, en vérité !
O toi qui les entends, suprême Intelligence,
Quelle pagode ils font de leur Dieu de vengeance!
Quel bourreau rancunier, brûlant à petit feu!
Toujours la peur du feu.—C'est bien l'esprit de Rome.
Ils vous diront après que leur Dieu s'est fait homme.
J'y reconnais plutôt l'homme qui s'est fait Dieu.

### LE CHŒUR

Notre tâche, messieurs, n'est pas encor remplie,
Nous avons pour son âme imploré le pardon.
Si l'un de nous connaît l'histoire de sa vie,
Qu'il s'avance et qu'il parle.          .

### FRANCK, à *part*.

Ah ! nous y voilà donc.

### UN OFFICIER, *sortant des rangs*.

Soldats et chevaliers, braves compagnons d'armes,
Si jamais homme au monde a mérité vos larmes,
C'est celui qui n'est plus. — Charle était mon ami.
J'ai le droit d'être fier dès qu'il s'agit de lui.
—Né dans un bourg obscur, au fond d'une chaumière,
Frank chez des montagnards vécut longtemps en
          frère,
Un fils, — chéri de tous, et de tous bienvenu.

FRANK, *s'avançant.*

Vous vous trompez, monsieur, vous l'avez mal connu.
Frank était détesté de tout le voisinage.
Est-il quelqu'un ici qui soit de son village?
Demandez si c'est vrai. — Moi, j'en étais aussi.

### LE PEUPLE

Moine, n'interromps pas.—Cet homme est son ami.

### LES SOLDATS

C'est vrai que le cher homme avait l'âme un peu fière :
S'il aimait ses voisins, il n'y paraissait guère,
Un certain jour surtout qu'il brûla sa maison.
Je n'en ai jamais su, quant à moi, la raison.

### L'OFFICIER

Si Charle eut des défauts, ne troublons pas sa cendre.
Sont-ce de tels témoins qu'il nous convient d'en-
         tendre?
Soldats, Franck se sentait une autre mission.
Qui jamais s'est montré plus vif dans l'action,
Plus fort dans le conseil? Qui jamais mieux que Charle
Prouva son éloquence à l'heure où le bras parle?
Vous le savez, soldats, j'ai combattu sous lui;
Je puis dire à mon tour : « Moi, j'en étais aussi. »
Une ardeur sans égale, un courage indomptable,
Un homme encor meilleur qu'il n'était redoutable,
Une âme de héros, — voilà ce que j'ai vu.

### FRANK

Vous vous trompez, monsieur, vous l'avez mal connu.
Frank n'a jamais été qu'un coureur d'aventure,
Qu'un fou, risquant sa vie et celle des soldats,
Pour briguer des honneurs qu'il ne méritait pas.
Né sans titres, sans bien, parti d'une masure,
Il faisait au combat ce qu'on fait aux brelans,
Il jouait tout ou rien, — la mort ou la fortune.

Ces gens-là bravent tout, l'espèce en est commune,
Ils inondent les ports, l'armée et les couvents.
Croyez-vous que ce Frank valût sa renommée ?
Qu'il respectât les lois ? qu'il aimât l'empereur ?
Il a vécu huit jours, avant d'être à l'armée,
Avec la Belcolor, comme un entremetteur.
Est-il ici quelqu'un qui dise le contraire ?

### LES SOLDATS

Ma foi ! depuis le jour qu'il a quitté son père,
C'est vrai que ledit Frank a fait plus d'un métier.
Nous la connaissons bien, nous, Monna Belcolore.
Elle couchait chez lui, — nous l'avons vue hier.

### LE PEUPLE

Laissez parler le moine ! —

### FRANK

                    Il a fait pis encore :
Il a réduit son père à la mendicité.
Il avait besoin d'or pour cette courtisane ;
Le peu qu'il possédait, c'est là qu'il l'a porté.
Soldats, que faites-vous à celui qui profane
La cendre d'un bon fils et d'un homme de bien ?
J'ai mérité la mort, si ce crime est le mien.

### LE PEUPLE

Dis-nous la vérité, moine, et parle sans crainte.

### FRANK

Mais, si les Tyroliens qui sont dans cette enceinte
Trouvent que j'ai raison, s'ils sont prêts au besoin
A faire comme moi, qui prends Dieu pour témoin...

### LES TYROLIENS

Oui, oui, nous l'attestons, Frank est un misérable.

### FRANK

Le jour qu'il refusa sa place à votre table,
Vous en souvenez-vous ?

LES TYROLIENS

Oui, oui, qu'il soit maudit.

FRANK

Le jour qu'il a brûlé la maison de son père?

LES SOLDATS

Oui! Le moine sait tout.

FRANK

Et si, comme on le dit,
Il a tué Stranio sur le bord de la route...

LE PEUPLE

Stranio, ce palatin que Brandel a trouvé
Au fond de la forêt, couché sur le pavé?

FRANK

C'est lui qui l'a tué!

LES SOLDATS

Pour le piller, sans doute!
Misérable assassin! meurtrier sans pitié!

FRANK

Et son orgueil de fer, l'avez-vous oublié?

TOUS

Jetons sa cendre au vent!

FRANK

Au vent le parricide!
Le coupeur de jarrets, l'incendiaire au vent!
Allons, brisons ceci.     (*Il ouvre la bière.*)

LE PEUPLE ET LES SOLDATS

Moine, la bière est vide.

FRANK, *se démasquant.*

La bière est vide? alors c'est que Frank est vivant.

LES SOLDATS

Capitaine, c'est vous !

FRANK, à *l'officier.*

Lieutenant, votre épée.
Vous avez laissé faire une étrange équipée.
Si j'avais été mort, où serais-je à présent ?
Vous ne savez donc pas qu'il y va de la tête !
Au nom de l'empereur, monsieur, je vous arrête
Ramenez vos soldats, et rendez-vous au camp.

(*Tout le monde sort en silence.*

FRANK, *seul.*

C'en est fait, — une soif ardente, inextinguible,
Dévorera mes os tant que j'existerai.
O mon Dieu ! tant d'efforts, un combat si terrible,
Un dévoûment sans borne, un corps tout balafré...
Allons, un peu de calme, il n'est pas temps encore.
Qui vient de ce côté ? n'est-ce pas Belcolore ?
Ah ! ah ! nous allons voir ; — tout n'est pas fini là.
    (*Il remet son masque et recouvre la bière. —
        Entre Belcolore en grand deuil ; elle va s'a-
        genouiller sur les marches du catafalque.*)
C'est bien elle ; elle approche, elle vient, — la voilà.
Voilà bien ce beau corps, cette épaule charnue,
Cette gorge superbe et toujours demi-nue,
Sous ces cheveux plaqués ce front stupide et fier.
Avec ces deux grands yeux qui sont d'un noir d'enfer,
Voilà bien la sirène et la prostituée ; —
Le type de l'égout ; — la machine inventée
Pour désopiler l'homme et pour boire son sang ;
La meule de pressoir de l'abrutissement.
Quelle atmosphère étrange on respire autour d'elle !
Elle épuise, elle tue, et n'en est que plus belle.
Deux anges destructeurs marchent à son côté ;
Doux et cruels tous deux, — la mort, — la volupté. —

Je me souviens encor de ces spasmes terribles,
De ces baisers muets, de ces muscles ardents,
De cet être absorbé, blême et serrant les dents.
S'ils ne sont pas divins, ces moments sont horribles.
Quel magnétisme impur peut-il donc en sortir?
Toujours en l'embrassant j'ai désiré mourir.
Ah! malheur à celui qui laisse la débauche
Planter le premier clou sous sa mamelle gauche!
Le cœur d'un homme vierge est un vase profond :
Lorsque la première eau qu'on y verse est impure,
La mer y passerait sans laver la souillure;
Car l'abîme est immense, et la tache est au fond.

(*Il s'approche du tombeau.*)

Qui donc pleurez-vous là, madame? êtes-vous veuve?

BELCOLORE

Veuve, vous l'avez dit, — de mes seules amours.

FRANK

D'hier, apparemment, — car cette robe est neuve.
Comme le noir vous sied !

BELCOLORE

     D'hier, et pour toujours.

FRANK

Toujours, avez-vous dit? — Ah! Monna Belcolore,
Toujours, c'est bien longtemps.

BELCOLORE

    D'où me connaissez-vous?

FRANK

De Naple, où cet hiver je te cherchais encore.
Naple est si beau, ma chère, et son ciel est si doux !
Tu devrais bien venir m'aider à m'y distraire.

BELCOLORE

Je ne vous remets pas.

### FRANK

Bon ! tu m'as oublié !
Je suis masqué d'ailleurs, et que veux-tu, ma chère ?
Ton cœur est si peuplé, je m'y serai noyé.

### BELCOLORE

Passez votre chemin, moine, et laissez-moi seule.

### FRANK

Bon ! si tu pleures tant, tu deviendras bégueule.
Voyons, ma belle amie, à parler franchement,
Tu vas te trouver seule, et tu n'as plus d'amant.
Ton capitaine Frank n'avait ni sou ni maille.
C'était un bon soldat, charmant à la bataille ;
Mais quel pauvre écolier en matière d'amour !
Sentimental la nuit, et persifleur le jour.

### BELCOLORE

Tais-toi, moine insolent, si tu tiens à ton âme ;
Il n'est pas toujours bon de me parler ainsi.

### FRANK

Ma foi, les morts sont morts ; — si vous voulez, madame,
Cette bourse est à vous, cette autre et celle-ci :
Et voilà le papier pour faire l'enveloppe.
                    (*Il couvre la bière d'or et de billets.*)

### BELCOLORE

Si je te disais oui, tu serais mal tombé.

### FRANK, *à part.*

Ah ! voilà Jupiter qui tente Danaé.
    (*Haut.*)
Je vous en avertis, je suis très misanthrope ;
Je vous enfermerai dans le fond d'un palais.
J'ai l'humeur bilieuse, et je bats mes valets.
Quand je digère mal, j'entends qu'on m'obéisse.
J'aime qu'on soit joyeux lorsque j'ai la jaunisse,

Et quand je ne dors pas tout le monde est debout.
Je suis capricieux, — êtes-vous de mon goût ?

BELCOLORE

Non, par la sainte croix !

FRANK

Si vous aimez les roubles,
Il m'en reste encor là, mais je n'ai que des doubles..
(*Il jette une autre bourse sur la bière.*)

BELCOLORE

Tu me donnes cela ?

FRANK, à *part.*

Voyez l'attraction !
Comme la chair est faible à la tentation !
(*Haut.*)
J'ai de plus un ulcère à côté de la bouche
Qui m'a défiguré ; — je suis maigre et je louche :
Mais ces misères-là ne te dégoûtent pas.

BELCOLORE

Vous me faites frémir.

FRANK

J'ai là, Dieu me pardonne,
Certain bracelet d'or qu'il faut que je vous donne.
Il ira bien, je pense, avec ce joli bras.
(*Il jette un bracelet sur la bière.*)
Cet ulcère est horrible, il m'a rongé la joue,
Il m'a brisé les dents. — J'étais laid, je l'avoue,
Mais, depuis que je l'ai, je suis vraiment hideux ;
J'ai perdu mes sourcils, ma barbe et mes cheveux.

BELCOLORE

Dieu du ciel, quelle horreur !

FRANK

J'ai là, sous ma simarre.

Un collier de rubis d'une espèce assez rare.

(*Il jette un collier sur la bière.*)

BELCOLORE

Il est fait à Paris?

FRANK, *à part.*

Voyez-vous le poisson,
Comme il vient à fleur d'eau reprendre l'hameçon!
(*Haut.*)
Si c'était tout, du moins! Mais cette affreuse plaie
Me donne l'air d'un mort traîné sur une claie;
Elle pompe mon sang, mes os sont cariés
De la nuque du crâne à la plante des pieds...

BELCOLORE

Assez, au nom du ciel! je vous demande grâce!

FRANK

Si tu t'en vas, rends-moi ce que je t'ai donné.

BELCOLORE

Vous mentez à plaisir.

FRANK

Veux-tu que je t'embrasse?

BELCOLORE

Eh bien! oui, je le veux.

FRANK, *à part.*

Tu pâlis, Danaé.
(*Haut.*)                    (*Il lui prend la main.*)
Regarde, mon enfant, cette rue est déserte.
Dessous ce catafalque est un profond caveau.
Descendons-y tous deux;—la porte en est ouverte.

BELCOLORE

Sous la maison de Frank!

FRANK, *à part.*

(*Haut.*)          —Pourquoi pas mon tombeau?
—Au fait, nous sommes seuls; cette bière est solide.
Asseyons-nous dessus.— Nous serons en plein vent.
Qu'en dites-vous, mon cœur?

(*Il écarte le drap mortuaire; la bière s'ouvre.*)

BELCOLORE

Moine, la bière est vide.

FRANK, *se démasquant.*

La bière est vide? alors c'est que Frank est vivant.
— Va-t'en, prostituée, ou ton heure est venue!
— Va-t'en, ne parle pas! ne te retourne pas!

(*Il la chasse, son poignard à la main.*)

FRANK, *seul.*

Ta lame, ô mon stylet, est belle toute nue
Comme une belle vierge. O mon cœur et mon bras,
Pourquoi donc tremblez-vous, et pourquoi l'un de
          l'autre
Vous approchez-vous donc, comme pour vous unir?
Oui, c'était ma pensée; — était-ce aussi la vôtre,
Providence de Dieu. que tout allait finir?
Et toi, morne tombeau, tu m'ouvres ta mâchoire.
Tu ris, spectre affamé. Je n'ai pas peur de toi.
Je rentrai l'amour, la fortune et la gloire;
Mais je crois au néant, comme je crois en moi.
Le soleil le sait bien, qu'il n'est sous sa lumière
Qu'une immortalité, celle de la matière.
La poussière est à Dieu; — le reste est au hasard.
Qu'a fait le vent du nord des cendres de César?
Une herbe, un grain de blé, mon Dieu, voilà la vie.
Mais moi, fils du hasard, moi Frank, avoir été
Un petit monde, un tout, une forme pétrie,
Une lampe où brûlait l'ardente volonté,

Et que rien, après moi, ne reste sur le sable,
Où l'ombre de mon corps se promène ici-bas,
Rien ! pas même un enfant, un être périssable !
Rien qui puisse y clouer la trace de mes pas !
Rien qui puisse crier d'une voix éternelle
A ceux qui tetteront la commune mamelle :
Moi, votre frère aîné, je m'y suis suspendu !
Je l'ai tetée aussi, la vivace marâtre ;
Elle m'a, comme à vous, livré son sein d'albâtre...
— Et pourtant, jour de Dieu, si je l'avais mordu ?
Si je l'avais mordu, le sein de la nourrice ?
Si je l'avais meurtri d'une telle façon
Qu'elle en puisse à jamais garder la cicatrice,
Et montrer sur son cœur les dents du nourrisson ?
Qu'importe le moyen, pourvu qu'on s'en souvienne,
Le bien a pour tombeau l'ingratitude humaine.
Le mal est plus solide : Erostrate a raison.
Empédocle a vaincu les héros de l'histoire,
Le jour qu'en se lançant dans le cœur de l'Etna,
Du plat de sa sandale il souffleta la gloire,
Et la fit trébucher si bien qu'elle y tomba.
Que lui faisait le reste ? Il a prouvé sa force.
Les siècles maintenant peuvent se remplacer ;
Il a si bien gravé son chiffre sur l'écorce
Que l'arbre peut changer de peau sans l'effacer.
Les parchemins sacrés pourriront dans les livres ;
Les marbres tomberont comme des hommes ivres,
Et la langue d'un peuple avec lui s'éteindra.
Mais le nom de cet homme est comme une momie,
Sous les baumes puissants pour toujours endormie,
Sur laquelle jamais l'herbe ne poussera.
Je ne veux pas mourir.— Regarde-moi, Nature.
Ce sont deux bras nerveux que j'agite dans l'air.
C'est dans tous tes néants que j'ai trempé l'armure
Qui me protégera de ton glaive de fer.

J'ai faim. — Je ne veux pas quitter l'hôtellerie.
Allons, qu'on se remue et qu'on me rassasie,
Ou, sinon, je me fais l'intendant de ma faim.
Prends-y garde ; je pars. — N'importe le chemin. —
Je marcherai, — j'irai, — partout où l'âme humaine
Est en spectacle, et souffre. — Ah ! la haine ! la haine !
La seule passion qui survive à l'espoir !
Tu m'as déjà hanté, boiteuse au manteau noir.
Nous nous sommes connus dans la maison de chaume ;
Mais je ne croyais pas que ton pâle fantôme,
De tous ceux qui dans l'air voltigeaient avec toi,
Dût être le dernier qui restât près de moi.
Eh bien ! baise-moi donc, triste et fidèle amie,
Tu vois, j'ai soulevé les voiles de ma vie. —
Nous partirons ensemble ; — et toi qui me suivras,
Comme une sœur pieuse, aux plus lointains climats,
Tu seras mon asile et mon expérience.
Si le doute, ce fruit tardif et sans saveur,
Est le dernier qu'on cueille à l'arbre de science,
Qu'ai-je à faire de plus, moi qui le porte au cœur ?
Le doute ! il est partout ; et le courant l'entraîne,
Ce linceul transparent, que l'incrédulité
Sur le bord de la tombe a laissé par pitié
Au cadavre flétri de l'espérance humaine !
O siècles à venir ! quel est donc votre sort ?
La gloire comme une ombre au ciel est remontée.
L'amour n'existe plus ; — la vie est dévastée,
Et l'homme, resté seul, ne croit plus qu'à la mort.
Tels que dans un pillage, en un jour de colère,
On voit, à la lueur d'un flambeau funéraire,
Des meurtriers, courbés dans un silence affreux,
Egorger une vierge, et dans ses longs cheveux
Plonger leurs mains de sang ; — la frêle créature
Tombe comme un roseau sur ses bras mutilés : —
Tels les analyseurs égorgent la nature

Silencieusement, sous les cieux dépeuplés.
Que vous restera-t-il, enfants de nos entrailles,
Le jour où vous viendrez suivre les funérailles
De cette moribonde et vieille humanité?
Ah! tu nous maudiras, pâle postérité!
Nos femmes ne mettront que des vieillards au monde,
Ils frapperont la terre avant de s'y coucher;
Puis ils criront à Dieu : Père, elle était féconde.
A qui donc as-tu dit de nous la dessécher?
Mais vous, analyseurs, persévérants sophistes,
Quand vous aurez tari tous les puits des déserts,
Quand vous aurez prouvé que ce large univers
N'est qu'un mort étendu sous les anatomistes;
Quand vous nous aurez fait de la création
Un cimetière en ordre, où tout aura sa place,
Où vous aurez sculpté, de votre main de glace,
Sur tous les monuments la même inscription,
Vous, que ferez-vous donc, dans les sombres allées
De ce jardin muet? — Les plantes désolées
Ne voudront plus aimer, nourrir, ni concevoir; —
Les feuilles des forêts tomberont une à une.
Et vous, noirs fossoyeurs, sur la tête commune
Pour ergoter encor vous viendrez vous asseoir;
Vous vous entretiendrez de l'homme perfectible; —
Vous galvaniserez ce cadavre insensible,
Habiles vermisseaux, quand vous l'aurez rongé;
Vous lui commanderez de marcher sur sa tombe,
A cette ombre d'un jour, —jusqu'à ce qu'elle tombe,
Comme une masse inerte, et que Dieu soit vengé.
Ah! vous avez voulu faire les Prométhées;
Et vous êtes venus, les mains ensanglantées,
Refondre et repétrir l'œuvre du Créateur!
Il valait mieux que vous, ce hardi tentateur,
Lorsqu'ayant fait son homme, et le voyant sans âme,
Il releva la tête et demanda le feu.

Vous, votre homme était fait! vous, vous aviez la
     flamme!
Et vous avez soufflé sur le souffle de Dieu.
Le mépris, Dieu puissant, voilà donc la science!
L'éternelle sagesse est l'éternel silence;
Et nous aurons réduit, quand tout sera compté,
Le balancier de l'âme à l'immobilité.
Quel hideux océan est-ce donc que la vie,
Pour qu'il faille y marcher à la superficie,
Et glisser au soleil en effleurant les eaux,
Comme ce Fils de Dieu qui marchait sur les flots?
Quels monstres effrayants, quels difformes reptiles
Labourentdonc les mers sous les pieds des nageurs,
Pour qu'on trouve toujours les vagues si tranquilles,
Et la pâleur des morts sur le front des plongeurs!
A-t-elle assez traîné, cette éternelle histoire
Du néant de l'amour, du néant de la gloire,
Et de l'enfant prodigue auprès de ses pourceaux!
Ah! sur combien de lits, sur combien de berceaux
Elle est venue errer, d'une voix lamentable,
Cette complainte usée et toujours véritable,
De tous les insensés que l'espoir a conduit!
Pareil à ce Gygès, qui fuyait dans la nuit
Le fantôme royal de la pâle baigneuse,
Livrée un seul instant à son ardent regard,
Le jeune ambitieux porte une plaie affreuse,
Tendre encor, mais profonde, et qui saigne à l'écart.
Ce qu'il sait, ce qu'il voit des choses de la vie,
Tout le porte, l'entraîne à son but idéal,
Clarté fuyant toujours, et toujours poursuivie,
Etrange idole, à qui tout sert de piédestal.
Mais, si tout en courant la force l'abandonne,
S'il se retourne et songe aux êtres d'ici-bas,
Il trouve tout à coup que ce qui l'environne
Est demeuré si loin qu'il ne reviendra pas.

C'est alors qu'il comprend l'effet de son vertige,
Et que, s'il ne regarde au ciel, il va tomber.
Il marche; — son génie à poursuivre l'oblige; —
Il marche, et le terrain commence à surplomber. —
Enfin, — mais n'est-il pas une heure dans la vie
Où le génie humain rencontre la folie?
Ils luttent corps à corps sur un rocher glissant,
Tous deux y sont montés, mais un seul redescend.
O mondes, ô Saturne, immobiles étoiles,
Magnifique univers, en est-ce ainsi partout?
O nuit, profonde nuit, spectre toujours debout,
Large création, quand tu lèves tes voiles
Pour te considérer dans ton immensité,
Vois-tu du haut en bas la même nudité?
Dis-moi donc, en ce cas, dis-moi, mère imprudente,
Pourquoi m'obsèdes-tu de cette soif ardente.
Si tu ne connais pas de source où l'étancher?
Il fallait la créer, marâtre, ou la chercher.
L'arbuste a sa rosée, et l'aigle a sa pâture.
Et moi, que t'ai-je fait pour m'oublier ainsi?
Pourquoi les arbrisseaux n'ont-ils pas soif aussi?
Pourquoi forger la flèche, éternelle Nature!
Si tu savais toi-même, avant de la lancer,
Que tu la dirigeais vers un but impossible,
Et que le dard, parti de ta corde terrible,
Sans rencontrer l'oiseau, pouvait te traverser?
Mais cela te plaisait. — C'était réglé d'avance.
Ah! le vent du matin! le souffle du printemps!
C'est le cri des vieillards. — Moi, mon Dieu, j'ai
　　　　　vingt ans!
Oh! si tu vas mourir, ange de l'espérance,
Sur mon cœur, en partant, viens encor te poser;
Donne-moi tes adieux et ton dernier baiser.
Viens à moi. — Je suis jeune, et j'aime encor la vie.
Intercède pour moi; — demande si les cieux

Ont une goutte d'eau pour une fleur flétrie. —
Bel ange, en la buvant, nous mourrons tous les deux.
> (*Il se jette à genoux; un bouquet tombe de
> son sein.*)
Qui me jette à mes pieds mon bouquet d'églantine ?
As-tu donc si longtemps vécu sur ma poitrine,
Pauvre herbe ! — C'est ainsi que ma Déidamia
Sur le bord de la route à mes pieds te jeta.

# ACTE CINQUIÈME

## SCÈNE PREMIÈRE
Une place.
DÉIDAMIA, LES VIERGES ET LES FEMMES

### DÉIDAMIA
Tressez-moi ma guirlande, ô mes belles chéries !
Couronnez de vos fleurs mes pauvres rêveries.
Posez sur ma langueur votre voile embaumé ;
Au coucher du soleil j'attends mon bien-aimé.

### LES VIERGES
Adieu, nous te perdons, ô fille des montagnes !
Le bonheur nous oublie en venant te chercher.
Arrose ton bouquet des pleurs de tes compagnes ;
Fleur de notre couronne, on va t'en arracher.

### LES FEMMES
Vierge, à ton beau guerrier nous allons te conduire ;
Nous te dépouillerons du manteau virginal.
Bientôt les doux secrets qu'il nous reste à te dire
Feront trembler ta main sous l'anneau nuptial.

### LES VIERGES
L'écho n'entendra plus ta chanson dans la plaine,
Tu ne jetteras plus la toison des béliers

Sous les lions d'airain, pères de la fontaine,
Et la neige oubliïra la forme de tes pieds.

### LES FEMMES

Que ton visage est beau! comme on y voit, ma chère,
Le premier des attraits, la beauté du bonheur!
Comme Frank va t'aimer! comme tu vas lui plaire,
O ma belle Diane, à ton hardi chasseur!

### DÉIDAMIA

Je souffre cependant. — Si vous me trouvez belle,
Dites-le-lui, mes sœurs, il m'en aimera mieux.
Mon Dieu, je voudrais l'être, afin qu'il fût heureux.
Ne me comparez pas à la jeune immortelle :
Hélas! de ta beauté, je n'ai que la pâleur,
O Diane, et mon front la doit à ma douleur.
Ah! comme j'ai pleuré! comme tout sur la terre
Pleurait autour de moi, quand mon Charle avait fui!
Comme je m'asseyais, à côté de ma mère,
Le cœur gros de soupirs! — Mes sœurs, dites-le-lui!

## SCÈNE II

### LES MONTAGNARDS

Ainsi Frank n'est pas mort : — c'est la fable éternelle
Des chasseurs à l'affût d'une fausse nouvelle,
Et ceux qui vendaient l'ours ne l'avaient pas tué.
Comme il leur a fait peur, quand il s'est réveillé!
Mais, aujourd'hui qu'il parle, il faut bien qu'on se taise.
On avait fait jadis, quand l'Hercule Farnèse
Fut jeté dans le Tibre, un Hercule nouveau.
On le trouvait pareil, on le disait plus beau :
Le modèle était mort, et le peuple crédule
Ne sait que ce qu'il voit. — Pourtant le vieil Hercule
Sortit un jour des eaux; l'athlète colossal
Fut élevé dans l'air a côté de son ombre,
Et le marbre insensé tomba du piédestal.

Frank renaît : — ce n'est plus cet homme au re-
      gard sombre,
Au front blême, au cœur dur, et dont l'oisiveté
Laissait sur ses talons traîner sa pauvreté.
C'est un gai compagnon, un brave homme de guerre,
Qui frappe sur l'épaule aux honnêtes fermiers :
Aussi, Dieu soit loué, ses torts sont oubliés ;
Et nous voilà tous prêts à boire dans son verre.
C'est aujourd'hui sa noce avec Déidamia.
Quel bon cœur de quinze ans ! et quelle ménagère !
S'il fut jamais aimé, c'est bien de celle-là.
Un soldat m'a conté l'histoire de la bière.
Il paraît que d'abord Frank s'était mis dedans.
Deux de ses serviteurs, ses deux seuls confidents,
Fermèrent le couvercle, et, dès la nuit venue,
Le prêtre et les flambeaux traversèrent la rue.
Après que sur leur dos les porteurs l'eurent pris,
« Vous laisserez, dit-il, un trou pour que l'air passe;
Puisque je dois un jour voir la mort face à face,
Nous ferons connaissance, et serons vieux amis. »
Il se fit emporter dans une sacristie ;
Regardant par son trou le ciel de la patrie,
Il s'en fut au saint lieu dont les chiens sont chassés,
Sifflant dans son cercueil l'hymne des trépassés.
Le lendemain matin, il voulut prendre un masque,
Pour assister lui même à son enterrement.
Eh ! quel homme ici-bas n'a son déguisement?
Le froc du pèlerin, la visière du casque,
Sont autant de cachots pour voir sans être vu.
Et n'en est-ce pas un souvent que la vertu?
Vrai masque de bouffon, que l'humble hypocrisie
Promène sur le vain théâtre de la vie,
Mais qui, mal fixé, tremble, et que la passion
Peut faire à chaque instant tomber dans l'action.

                     *(Exeunt.)*

## SCÈNE III
### Une petite chambre.
## FRANK, DÉIDAMIA

#### FRANK

Et tu m'as attendu, ma petite Mamette !
Tu comptais jour par jour dans ton cœur et ta tête ;
Tu restais là, debout, sur ton seuil entr'ouvert.

#### DÉIDAMIA

Mon ami, mon ami, Mamette a bien souffert !

#### FRANK

Les heures s'envolaient, — et l'aurore et la brune
Te retrouvaient toujours sur ce chemin perdu.
Ton Charle était bien loin. — Toi, comme la fortune,
Tu restais à sa porte, — et tu m'as attendu !

#### DÉIDAMIA

Comme vous voilà pâle et la voix altérée !
Mon Dieu ! qu'avez-vous fait si loin et si longtemps ?
Ma mère, savez-vous, était désespérée.
Mais vous pensiez à nous quand vous aviez le temps ?

#### FRANK

J'ai connu dans ma vie un pauvre misérable
Que l'on appelait Frank, — un être insociable,
Qui de tous ses voisins était l'aversion.
La famine et la peur, sœurs de l'oppression,
Vivaient dans ses yeux creux ; — la maigreur dé-
            vorante
L'avait horriblement décharné jusqu'aux os.
Le mépris le courbait, et la honte souffrante
Qui suit le pauvre était attachée à son dos.
L'univers et ses lois le remplissaient de haine.
Toujours triste, toujours marchant de ce pas lent

Dont un vieux pâtre suit son troupeau nonchalant,
Il errait dans les bois, par les monts et la plaine,
Et braconnant partout, et, partout rejeté,
Il allait gémissant sur la fatalité ;
Le col toujours courbé comme sous une hache :
On eût dit un larron qui rôde et qui se cache,
Si ce n'est pis encore, — un mendiant honteux
Qui n'ose faire un coup, crainte d'être victime,
Et, pour toute vertu, garde la peur du crime,
Ce chétif et dernier lien des malheureux.
Oui, ma chère Mamette, oui, j'ai connu cet être.

DÉIDAMIA

Qui donc est là, debout, derrière la fenêtre,
Avec ces deux grands yeux, et cet air étonné ?

FRANK

Où donc ? Je ne vois rien.

DÉIDAMIA

        Si. — Quelqu'un nous écoute,
Qui vient de s'en aller quand tu t'es retourné.

FRANK

C'est quelque mendiant qui passe sur la route.
Allons, Déidamia, cela t'a fait pâlir.

DÉIDAMIA

Eh bien ! et ton histoire, où veut-elle en venir ?

FRANK

Une autre fois, — c'était au milieu des orgies,
Je vis dans un miroir, aux clartés des bougies,
Un joueur pris de vin, couché sur un sofa.
Une femme, ou du moins la forme d'une femme,
Le tenait embrassé, comme je te tiens là.
Il se tordait en vain sous le spectre sans âme :
Il semblait qu'un noyé l'eût pris entre ses bras.

Cet homme infortuné... Tu ne m'écoutes pas ?
Voyons, viens m'embrasser.

DÉIDAMIA

Oh ! non, je vous en prie.
*(Il l'embrasse de force.)*

Frank, mon cher petit Charle, attends qu'on nous
    marie,
Attends jusqu'à ce soir. — Ma mère va venir.
Je ne veux pas, monsieur. — Ah ! tu me fais mourir !

FRANK

Lumière du soleil, quelle admirable fille !

DÉIDAMIA

Il faudra, mon ami, nous faire une famille ;
Nous aurons nos voisins, ton père, tes parents,
Et ma mère surtout. — Nous aurons nos enfants.
Toi, tu travailleras à notre métairie ;
Moi, j'aurai soin du reste et de la laiterie ;
Et tant que nous vivrons, nous serons tous les deux,
Tous les deux pour toujours, et nous mourrons
    bien vieux.
Vous riez? Pourquoi donc ?

FRANK

Oui. je ris du tonnerre.
Oui ; le diable m'emporte ! il peut tomber sur moi.

DÉIDAMIA

Qu'est-ce que c'est, monsieur? voulez-vous bien
    vous taire ?

FRANK

Va toujours, mon enfant, je ne ris pas de toi.

DÉIDAMIA

Qui donc est encor là? Je te dis qu'on nous guette.

Tu ne vois pas là-bas remuer une tête?
Là,—dans l'ombre du mur?

FRANK

     Où donc? de quel côté?
Vous avez des terreurs, ma chère, en vérité.

(Il la prend dans ses bras.)

Il me serait cruel de penser qu'une femme,
O Mamette, moins belle et moins pure que toi,
Dans des lieux étrangers, par un autre que moi,
Pût être autant aimée. — Ah! j'ai senti mon âme
Qui redevenait vierge à ton doux souvenir,
Comme l'onde où tu viens mirer ton beau visage
Se fait vierge, ma chère, et dans ta chaste image
Sous son cristal profond semble se recueillir!
C'est bien toi! je te tiens,—toujours fraîche et jolie,
Toujours comme un oiseau, prête à tout oublier.
Voilà ton petit lit, ton rouet, ton métier,
Œuvre de patience et de mélancolie.
O toi qui tant de fois as reçu dans ton sein
Mes chagrins et mes pleurs, et qui m'as en échange
Rendu le doux repos d'un front toujours serein,
Comment as-tu donc fait, dis-moi, mon petit ange,
Pour n'avoir rien gardé de mes maux, quand mon
   cœur
A tant et si souvent gardé de ton bonheur?

DÉIDAMIA

Ah! vous savez toujours, vous autres hypocrites,
De beaux discours flatteurs bien souvent répétés.
Je les aime, mon Dieu! quand c'est vous qui les dites;
Mais ce n'est pas pour moi qu'ils étaient inventés.

FRANK

Dis-moi, tu ne veux pas venir en Italie?
En Espagne? à Paris? Nous mènerions grand train.
Avec si peu de frais tu serais si jolie!

DÉIDAMIA

Est-ce que vous trouvez ce bonnet-là vilain !
Vous verrez tout à l'heure, avec ma robe blanche,
Mes bas à coins brodés, mon bonnet du dimanche
Et mon tablier vert. — Vous riez, vous riez?

FRANK

Dans une heure d'ici nous serons mariés.
Ce baiser que tu fuis, et que je te dérobe,
Tu me le céderas, Mamette, de bon cœur.
Dans une heure, ô mon Dieu! tu viendras me le
      rendre.
Mamette, je me meurs.

DÉIDAMIA

      Ah! moi, je sais attendre !
Voyons, laissez-moi donc être un peu votre sœur.
Une heure, une heure encore, et je serai ta femme.
Oui, je vais te le rendre, et de toute mon âme,
Ton baiser dévorant, mon Frank, ton beau baiser !
Et ton tonnerre alors pourra nous écraser.

FRANK

Oh! que cette heure est longue! oh! que vous
      êtes belle !
De quelle volupté déchirante et cruelle
Vous me noyez le cœur, froide Déidamia !

DÉIDAMIA

Regardez, regardez, la tête est toujours là.
Qui donc nous guette ainsi?

FRANK

      Mamette, ô mon amante,
Ne me détourne pas cette lèvre charmante.
Non! quand l'éternité devrait m'ensevelir !

DÉIDAMIA

Mon ami, mon amant, repectez votre femme.

FRANK

Non ! non ! quand ton baiser devrait brûler mon âme !
Non ! quand ton dieu jaloux devrait nous en punir.

DÉIDAMIA

Eh bien ! oui, ta maîtresse, — eh bien ! oui, ton
        amante,
Ta Mamette, ton bien, ta femme et ta servante.
Et la mort peut venir, et je t'aime, et je veux
T'avoir là dans mes bras et dans mes longs cheveux,
Sur ma robe de lin ton haleine embaumée.
Je sais que je suis belle, et plusieurs m'ont aimée ;
Mais je t'appartenais, j'ai gardé ton trésor.
             (*Elle tombe dans ses bras.*)

FRANK, *se levant brusquement.*

Quelqu'un est là, c'est vrai.

DÉIDAMIA

        Qu'importe ? Charle, Charle !

FRANK

Ah ! massacre et tison d'enfer ? — C'est Belcolor !
Restez ici, Mamette, il faut que je lui parle.
          (*Il saute par la fenêtre.*)

DÉIDAMIA

Mon Dieu ! que va-t-il faire, et qu'est-il arrivé ?
Le voilà qui revient. — Eh bien ! l'as-tu trouvé ?

FRANK, *à la fenêtre en dehors.*

Non, mais, par le tonnerre, il faudra qu'il y vienne.
Je crois que c'est un spectre, et vous aviez raison.
Attendez-moi. — Je fais le tour de la maison.

DÉIDAMIA, *courant à la fenêtre.*

Charle, ne t'en va pas! S'il s'enfuit dans la plaine,
Laisse-le s'envoler, ce spectre de malheur.

(*Belcolore paraît de l'autre côté de la fenêtre
et s'enfuit aussitôt.*)

Au secours; au secours! on m'a frappée au cœur.

(*Déidamia tombe et sort en se traînant.*)

LES MONTAGNARDS, *accourant du dehors.*

Frank, que se passe-t-il? On nous appelle, on crie.
Qui donc est là par terre étendu dans son sang?
Juste Dieu! c'est Mamette! Ah! son âme est partie.
Un stylet italien est entré dans son flanc.
Au meurtre! Frank, au meurtre!

FRANK, *rentrant dans la cabane avec Déidamia
morte dans ses bras.*

                    O toi, ma bien-aimée!
Sur mon premier baiser ton âme s'est fermée;
Pendant plus de quinze ans tu l'avais attendu,
Mamette, et tu t'en vas sans me l'avoir rendu.


*Juillet et août 1832.*




FIN DE « LA COUPE ET LES LÈVRES »

# ON NE BADINE PAS
## AVEC L'AMOUR

### COMÉDIE EN TROIS ACTES

PUBLIÉE EN 1834, REPRÉSENTÉE EN 1861

## PERSONNAGES

LE BARON.
PERDICAN, son fils.
MAITRE BLAZIUS, gouverneur de Perdican.
MAITRE BRIDAINE, curé.
CAMILLE, nièce du baron.
DAME PLUCHE, sa gouvernante.
ROSETTE, sœur de lait de Camille.
PAYSANS, VALETS, etc.

## ACTE PREMIER

### SCÈNE PREMIÈRE

Une place devant le château.

#### LE CHŒUR

Doucement bercé sur sa mule fringante, messer Blazius s'avance dans les bluets fleuris, vêtu de neuf, l'écritoire au côté. Comme un poupon sur l'oreiller, il se ballotte sur son ventre rebondi, et, les yeux à demi fermés, il marmotte un *Pater noster* dans son triple menton. Salut, maître Blazius; vous arrivez au temps de la vendange, pareil à une amphore antique.

### MAITRE BLAZIUS

Que ceux qui veulent apprendre une nouvelle d'importance m'apportent ici premièrement un verre de vin frais.

### LE CHŒUR

Voilà notre plus grande écuelle; buvez, maître Blazius; le vin est bon; vous parlerez après.

### MAITRE BLAZIUS

Vous saurez, mes enfants, que le jeune Perdican, fils de notre seigneur, vient d'atteindre à sa majorité, et qu'il est reçu docteur à Paris. Il revient aujourd'hui même au château, la bouche toute pleine de façons de parler si belles et si fleuries, qu'on ne sait que lui répondre les trois quarts du temps. Toute sa gracieuse personne est un livre d'or; il ne voit pas un brin d'herbe à terre, qu'il ne vous dise comment cela s'appelle en latin; et, quand il fait du vent ou qu'il pleut, il vous dit tout clairement pourquoi. Vous ouvrirez des yeux grands comme la porte que voilà, de le voir dérouler un des parchemins qu'il a coloriés d'encres de toutes couleurs de ses propres mains et sans en rien dire à personne. Enfin, c'est un diamant fin des pieds à la tête, et voilà ce que je viens annoncer à M. le baron. Vous sentez que cela me fait quelque honneur, à moi, qui suis son gouverneur depuis l'âge de quatre ans; ainsi donc, mes bons amis, apportez une chaise, que je descende un peu de cette mule-ci sans me casser le cou; la bête est tant soit peu rétive, et je ne serais pas

fâché de boire encore une gorgée avant
d'entrer.

### LE CHŒUR

Buvez, maître Blazius, et reprenez vos
esprits. Nous avons vu naître le petit Perdican, et il n'était pas besoin, du moment
qu'il arrive, de nous en dire si long. Puis-
sions-nous retrouver l'enfant dans le cœur
de l'homme!

### MAITRE BLAZIUS

Ma foi, l'écuelle est vide; je ne croyais
pas avoir tout bu. Adieu; j'ai préparé, en
trottant sur la route, deux ou trois phrases
sans prétention qui plairont à Monseigneur;
je vais tirer la cloche.              (*Il sort.*)

### LE CHŒUR

Durement cahotée sur son âne essoufflé,
dame Pluche gravit la colline; son écuyer
transi gourdine à tour de bras le pauvre
animal, qui hoche la tête un chardon entre
les dents. Ses longues jambes maigres
trépignent de colère, tandis que de ses
mains osseuses elle égratigne son chapelet.
Bonjour donc, dame Pluche; vous arrivez
comme la fièvre, avec le vent qui fait jau-
nir les bois.

### DAME PLUCHE

Un verre d'eau, canaille que vous êtes!
un verre d'eau et un peu de vinaigre!

### LE CHŒUR

D'où venez-vous, Pluche, ma mie? Vos
faux cheveux sont couverts de poussière,
voilà un toupet de gâté, et votre chaste
robe est retroussée jusqu'à vos vénérables
jarretières.

### DAME PLUCHE

Sachez, manants, que la belle Camille,

la nièce de votre maître, arrive aujourd'hui
au château. Elle a quitté le couvent sur
l'ordre exprès de Monseigneur, pour venir
en son temps et lieu recueillir, comme
faire se doit, le bon bien qu'elle a de sa
mère. Son éducation, Dieu merci, est terminée, et ceux qui la verront auront la
joie de respirer une glorieuse fleur de sagesse et de dévotion. Jamais il n'y a rien
eu de si pur, de si ange, de si agneau et de
si colombe que cette chère nonnain; que le
Seigneur Dieu du ciel la conduise! Ainsi
soit-il! Rangez-vous, canaille; il me semble
que j'ai les jambes enflées.

### LE CHŒUR

Défripez-vous, honnête Pluche, et, quand
vous prierez Dieu, demandez de la pluie;
nos blés sont secs comme vos tibias.

### DAME PLUCHE

Vous m'avez apporté de l'eau dans une
écuelle qui sent la cuisine; donnez-moi la
main pour descendre, vous êtes des butors
et des malappris.                    (*Elle sort.*)

### LE CHŒUR

Mettons nos habits du dimanche, et at-
tendons que le baron nous fasse appeler.
Ou je me trompe fort, ou quelque joyeuse
bombance est dans l'air d'aujourd'hui.

(*Ils sortent.*)

## SCÈNE II

### Le salon du baron.

*Entrent* LE BARON, MAITRE BRIDAINE
*et* MAITRE BLAZIUS

### LE BARON

Maître Bridaine, vous êtes mon ami; je
vous présente maître Blazius, gouverneur

de mon fils. Mon fils a eu hier matin, à midi huit minutes, vingt et un ans comptés; il est docteur à quatre boules blanches. Maître Blazius, je vous présente maître Bridaine, curé de la paroisse; c'est mon ami.

MAITRE BLAZIUS, *saluant*.

A quatre boules blanches, seigneur : littérature, philosophie, droit romain, droit canon.

LE BARON

Allez à votre chambre, cher Blazius, mon fils ne va pas tarder à paraître; faites un peu de toilette, et revenez au coup de la cloche. (*Maître Blazius sort.*)

MAITRE BRIDAINE

Vous dirai-je ma pensée, Monseigneur? le gouverneur de votre fils sent le vin à pleine bouche.

LE BARON

Cela est impossible.

MAITRE BRIDAINE

J'en suis sûr comme de ma vie; il m'a parlé de fort près tout à l'heure; il sent le vin à faire peur.

LE BARON

Brisons là; je vous répète que cela est impossible. (*Entre dame Pluche.*) Vous voilà, bonne dame Pluche? Ma nièce est sans doute avec vous?

DAME PLUCHE

Elle me suit, Monseigneur; je l'ai devancée de quelques pas.

LE BARON

Maître Bridaine, vous êtes mon ami. Je vous présente la dame Pluche, gouver-

nante de ma nièce. Ma nièce est depuis
hier, à sept heures de nuit, parvenue à
l'âge de dix-huit ans; elle sort du meilleur
couvent de France. Dame Pluche, je vous
présente maître Bridaine, curé de la paroisse; c'est mon ami.

### DAME PLUCHE, *saluant.*

Du meilleur couvent de France, seigneur,
et je puis ajouter : la meilleure chrétienne
du couvent.

### LE BARON

Allez, dame Pluche, réparer le désordre
où vous voilà; ma nièce va bientôt venir,
j'espère; soyez prête à l'heure du dîner.

(*Dame Pluche sort.*)

### MAITRE BRIDAINE

Cette vieille demoiselle paraît tout à fait
pleine d'onction.

### LE BARON

Pleine d'onction et de componction, maître
Bridaine; sa vertu est inattaquable.

### MAITRE BRIDAINE

Mais le gouverneur sent le vin, j'en ai la
certitude.

### LE BARON

Maître Bridaine, il y a des moments où
je doute de votre amitié. Prenez-vous à
tâche de me contredire? Pas un mot de
plus là-dessus. J'ai formé le dessein de
marier mon fils avec ma nièce; c'est un
couple assorti : leur éducation me coûte
six mille écus.

### MAITRE BRIDAINE

Il sera nécessaire d'obtenir des dispenses.

### LE BARON

Je les ai, Bridaine; elles sont sur ma

table, dans mon cabinet. O mon ami! apprenez maintenant que je suis plein de joie. Vous savez que j'ai eu de tout temps la plus profonde horreur pour la solitude. Cependant la place que j'occupe et la gravité de mon habit me forcent à rester dans ce château pendant trois mois d'hiver et trois mois d'été. Il est impossible de faire le bonheur des hommes en général, et de ses vassaux en particulier, sans donner parfois à son valet de chambre l'ordre rigoureux de ne laisser entrer personne. Qu'il est austère et difficile le recueillement de l'homme d'Etat! et quel plaisir ne trouverai-je pas à tempérer, par la présence de mes deux enfants réunis, la sombre tristesse à laquelle je dois nécessairement être en proie depuis que le roi m'a nommé receveur!

##### MAITRE BRIDAINE

Ce mariage se fera-t-il ici ou à Paris

##### LE BARON

Voilà où je vous attendais, Bridaine j'étais sûr de cette question. Eh bien! mon ami, que diriez-vous si ces mains que voilà, oui, Bridaine, vos propres mains, — ne les regardez pas d'une manière aussi piteuse, — étaient destinées à bénir solennellement l'heureuse confirmation de mes rêves les plus chers? Hé?

##### MAITRE BRIDAINE

Je me tais : la reconnaissance me ferme la bouche.

##### LE BARON

Regardez par cette fenêtre; ne voyez-vous pas que mes gens se portent en foule à la grille? Mes deux enfants arrivent en même temps; voilà la combinaison la plus heureuse. J'ai disposé les choses de manière à tout prévoir. Ma nièce sera introduite par cette porte à gauche, et mon fils par cette porte à droite. Qu'en dites-vous ? Je me fais une fête de voir comment ils s'aborderont, ce qu'ils se diront. Six mille écus ne sont pas une bagatelle, il ne faut pas s'y tromper. Ces enfants s'aimaient d'ailleurs fort tendrement dès le berceau.— Bridaine, il me vient une idée

### MAITRE BRIDAINE

Laquelle ?

### LE BARON

Pendant le dîner, sans avoir l'air d'y toucher, — vous comprenez, mon ami, — tout en vidant quelques coupes joyeuses, vous savez le latin, Bridaine ?

### MAITRE BRIDAINE

*Ità ædepol*, pardieu, si je le sais !

### LE BARON

Je serais bien aise de vous voir entreprendre ce garçon, — discrètement, s'entend, — devant sa cousine; cela ne peut produire qu'un bon effet; — faites-le parler un peu latin, - non pas précisément pendant le dîner, cela deviendrait fastidieux, et, quant à moi, je n'y comprendrais rien; — mais au dessert, entendez-vous ?

### MAITRE BRIDAINE

Si vous n'y comprenez rien, Monseigneur, il est probable que votre nièce est dans le même cas.

### LE BARON

Raison de plus; ne voulez-vous pas qu'une femme admire ce qu'elle comprend? D'où sortez-vous, Bridaine? Voilà un raisonnement qui fait pitié.

**MAITRE BRIDAINE**

Je connais peu les femmes ; mais il me semble qu'il est difficile qu'on admire ce qu'on ne comprend pas.

**LE BARON**

Je les connais, Bridaine, je connais ces êtres charmants et indéfinissables. Soyez persuadé qu'elles aiment à avoir de la poudre dans les yeux, et que plus on leur en jette, plus elles les écarquillent, afin d'en gober davantage. (*Perdican entre d'un côté, Camille de l'autre.*) Bonjour, mes enfants ; bonjour, ma chère Camille, mon cher Perdican ! embrassez-moi, et embrassez-vous.

**PERDICAN**

Bonjour, mon père, ma sœur bien-aimée ! Quel bonheur ! que je suis heureux !

**CAMILLE**

Mon père et mon cousin, je vous salue.

**PERDICAN**

Comme te voilà grande, Camille ! et belle comme le jour.

**LE BARON**

Quand as-tu quitté Paris, Perdican ?

**PERDICAN**

Mercredi, je crois, ou mardi. Comme te voilà métamorphosée en femme ! Je suis donc un homme, moi ? Il me semble que c'est hier que je t'ai vue pas plus haute que cela.

**LE BARON**

Vous devez être fatigués ; la route est longue, et il fait chaud.

**PERDICAN**

Oh ! mon Dieu, non. Regardez donc, mon père, comme Camille est jolie !

**LE BARON**

Allons, Camille, embrasse ton cousin.

**CAMILLE**

Excusez-moi.

**LE BARON**

Un compliment vaut un baiser ; embrasse-la, Perdican.

**PERDICAN**

Si ma cousine recule quand je lui tends la main, je vous dirai à mon tour : « Excusez-moi ; » l'amour peut voler un baiser, mais non pas l'amitié.

**CAMILLE**

L'amitié ni l'amour ne doivent recevoir que ce qu'ils peuvent rendre.

**LE BARON,** à *maître Bridaine.*

Voilà un commencement de mauvais augure, hé ?

**MAITRE BRIDAINE,** *au baron.*

Trop de pudeur est sans doute un défaut ; mais le mariage lève bien des scrupules.

**LE BARON,** à *maître Bridaine.*

Je suis choqué, — blessé. — Cette réponse m'a déplu. — *Excusez moi !* Avez-vous vu qu'elle a fait mine de se signer ? — Venez ici que je vous parle. — Cela m'est pénible au dernier point. Ce moment, qui devait m'être si doux, est complètement gâté. — Je suis vexé, piqué. — Diable ! voilà qui est fort mauvais.

**MAITRE BRIDAINE**

Dites-leur quelques mots ; les voilà qui se tournent le dos.

**LE BARON**

Eh bien ! mes enfants, à quoi pensez-vous donc? Que fais-tu là, Camille, devant cette tapisserie?

CAMILLE, *regardant un tableau.*

Voilà un beau portrait, mon oncle! N'est-ce pas une grand'tante à nous?

LE BARON

Oui, mon enfant, c'est ta bisaïeule, — ou du moins la sœur de ton bisaïeul, — car la chère dame n'a jamais concouru, — pour sa part, je crois, autrement qu'en prières, — à l'accroissement de la famille. — C'était, ma foi, une sainte femme.

CAMILLE

Oh! oui, une sainte! c'est ma grand'tante Isabelle. Comme ce costume religieux lui va bien!

LE BARON

Et toi, Perdican, que fais-tu là devant ce pot de fleurs?

PERDICAN

Voilà une fleur charmante, mon père. C'est un héliotrope.

LE BARON

Te moques-tu? elle est grosse comme une mouche.

PERDICAN

Cette petite fleur grosse comme une mouche a bien son prix.

MAITRE DRIDAINE

Sans doute! le docteur a raison. Demandez-lui à quel sexe, à quelle classe elle appartient, de quels éléments elle se forme, d'où lui viennent sa sève et sa couleur; il vous ravira en extase en vous détaillant les phénomènes de ce brin d'herbe, depuis la racine jusqu'à la fleur.

PERDICAN

Je n'en sais pas si long, mon révérend.
Je trouve qu'elle sent bon, voilà tout.

## SCÈNE III

### Devant le château.

### LE CHŒUR, *entrant.*

Plusieurs choses me divertissent et ex-
citent ma curiosité. Venez, mes amis, et
asseyons-nous sous ce noyer. Deux formi-
dables dîneurs sont en ce moment en présence au château, maître Bridaine et maître
Blazius. N'avez-vous pas fait une remarque?
C'est que, lorsque deux hommes à peu près
pareils, également gros, également sots,
ayant les mêmes vices et les mêmes passions, viennent par hasard à se rencontrer,
il faut nécessairement qu'ils s'adorent ou
qu'ils s'exècrent. Par la raison que les con-
traires s'attirent, qu'un homme grand et des-
séché aimera un homme petit et rond, que
les blonds recherchent les bruns, et réci-
proquement, je prévois une lutte secrète
entre le gouverneur et le curé. Tous deux
sont armés d'une égale impudence; tous
deux ont pour ventre un tonneau; non
seulement ils sont gloutons, mais ils sont
gourmets; tous deux se disputeront, à
dîner, non seulement la quantité, mais la
qualité. Si le poisson est petit, comment
faire? et dans tous les cas une langue de
carpe ne peut se partager, et une carpe ne
peut avoir deux langues. *Item*, tous deux
sont bavards; mais à la rigueur ils peuvent
parler ensemble sans s'écouter ni l'un ni
l'autre. Déjà maître Bridaine a voulu adres-
ser au jeune Perdican plusieurs questions

pédantes, et le gouverneur a froncé le sourcil. Il lui est désagréable qu'un autre que lui semble mettre son élève à l'épreuve. *Item.* ils sont prêtres tous deux ; l'un se targuera de sa cure, l'autre se rengorgera dans sa charge de gouverneur. Maître Blazius confesse le fils, et maître Bridaine le père. Déjà je les vois accoudés sur la table, les joues enflammées, les yeux à fleur de tête, secouer pleins de haine leurs triples mentons. Ils se regardent de la tête aux pieds, ils préludent par de légères escarmouches ; bientôt la guerre se déclare ; les cuistreries de toute espèce se croisent et s'échangent, et, pour comble de malheur, entre les deux ivrognes s'agite dame Pluche, qui les repousse l'un et l'autre de ses coudes affilés.

Maintenant que voilà le dîner fini, on ouvre la grille du château. C'est la compagnie qui sort, retirons-nous à l'écart. (*Ils sortent. — Entrent le baron et dame Pluche.*)

LE BARON

Vénérable Pluche, je suis peiné.

DAME PLUCHE

Est-il possible, Monseigneur ?

LE BARON

Oui, Pluche, cela est possible. J'avais compté depuis longtemps, — j'avais même écrit, noté,   sur mes tablettes de poche, — que ce jour devait être le plus agréable de mes jours, — oui, bonne dame, le plus agréable. — Vous n'ignorez pas que mon dessein était de marier mon fils avec ma nièce ; — cela était résolu, — convenu, — j'en avais parlé à Bridaine, — et je vois, je crois voir, que ces enfants se parlent froidement ; ils ne se sont pas dit un mot.

### DAME PLUCHE

Les voilà qui viennent, Monseigneur.
Sont-ils prévenus de vos projets?

### LE BARON

Je leur en ai touché quelques mots en
particulier. Je crois qu'il serait bon, puisque les voilà réunis, de nous asseoir sous
cet ombrage propice, et de les laisser ensemble un instant. (*Il se retire avec dame
Pluche. — Entrent Camille et Perdican.*)

### PERDICAN

Sais-tu que cela n'a rien de beau, Camille, de m'avoir refusé un baiser?

### CAMILLE

Je suis comme cela; c'est ma manière.

### PERDICAN

Veux-tu mon bras pour faire un tour
dans le village?

### CAMILLE

Non, je suis lasse.

### PERDICAN

Cela ne te ferait pas plaisir de revoir la
prairie? Te souviens-tu de nos parties sur
le bateau? Viens, nous descendrons jusqu'aux moulins; je tiendrai les rames, et
toi le gouvernail.

### CAMILLE

Je n'en ai nulle envie.

### PERDICAN

Tu me fends l'âme. Quoi! pas un souvenir, Camille? pas un battement de cœur
pour notre enfance, pour tout ce pauvre
temps passé, si bon, si doux, si plein de
niaiseries délicieuses? Tu ne veux pas

venir voir le sentier par où nous allions à
la ferme?

CAMILLE

Non, pas ce soir.

PERDICAN

Pas ce soir! quand donc? Toute notre vie
est là.

CAMILLE

Je ne suis pas assez jeune pour m'amuser
de mes poupées, ni assez vieille pour aimer
le passé.

PERDICAN

Comment dis-tu cela?

CAMILLE

Je dis que les souvenirs d'enfance ne
sont pas de mon goût.

PERDICAN

Cela t'ennuie?

CAMILLE

Oui, cela m'ennuie.

PERDICAN

Pauvre enfant! Je te plains sincèrement.
(*Ils sortent chacun de leur côté.*)

LE BARON, *rentrant avec dame Pluche.*

Vous le voyez et vous l'entendez, excellente Pluche; je m'attendais à la plus suave
harmonie, et il me semble assister à un
concert où le violon joue *Mon cœur soupire,*
pendant que la flûte joue *Vive Henri IV.*
Songez à la discordance affreuse qu'une
pareille combinaison produirait. Voilà pourtant ce qui se passe dans mon cœur.

DAME PLUCHE

Je l'avoue; il m'est impossible de blâmer

Camille, et rien n'est de plus mauvais ton, à mon sens, que les parties de bateau.

### LE BARON

Parlez-vous sérieusement?

### DAME PLUCHE

Seigneur, une jeune fille qui se respecte ne se hasarde pas sur les pièces d'eau.

### LE BARON

Mais observez donc, dame Pluche, que son cousin doit l'épouser, et que dès lors...

### DAME PLUCHE

Les convenances défendent de tenir un gouvernail, et il est malséant de quitter la terre ferme seule avec un jeune homme.

### LE BARON

Mais je répète... je vous dis...

### DAME PLUCHE

C'est là mon opinion.

### LE BARON

Êtes-vous folle? En vérité, vous me feriez dire... Il y a certaines expressions que je ne veux pas... qui me répugnent... Vous me donnez envie... En vérité, si je ne me retenais... Vous êtes une pécore, Pluche! je ne sais que penser de vous.    (*Il sort.*)

## SCÈNE IV

### Une place.

## LE CHŒUR, PERDICAN

### PERDICAN

Bonjour, mes amis. Me reconnaissez-vous?

### LE CHŒUR

Seigneur, vous ressemblez à un enfant que nous avons beaucoup aimé.

PERDICAN

N'est-ce pas vous qui m'avez porté sur votre dos pour passer les ruisseaux de vos prairies, vous qui m'avez fait danser sur vos genoux, qui m'avez pris en croupe sur vos chevaux robustes, qui vous êtes serrés quelquefois autour de vos tables pour me faire une place au souper de la ferme?

LE CHŒUR

Nous nous en souvenons, seigneur. Vous étiez bien le plus mauvais garnement et le meilleur garçon de la terre.

PERDICAN

Et pourquoi donc alors ne m'embrassez-vous pas, au lieu de me saluer comme un étranger?

LE CHŒUR

Que Dieu te bénisse, enfant de nos entrailles! Chacun de nous voudrait te prendre dans ses bras, mais nous sommes vieux, Monseigneur, et vous êtes un homme.

PERDICAN

Oui, il y a dix ans que je ne vous ai vus, et en un jour tout change sous le soleil. Je me suis élevé de quelques pieds vers le ciel, et vous vous êtes courbés de quelques pouces vers le tombeau Vos têtes ont blanchi, vos pas sont devenus plus lents, vous ne pouvez plus soulever de terre votre enfant d'autrefois. C'est donc à moi d'être votre père, à vous qui avez été les miens.

LE CHŒUR

Votre retour est un jour plus heureux que votre naissance. Il est plus doux de retrouver ce qu'on aime que d'embrasser un nouveau-né.

PERDICAN

Voilà donc ma chère vallée ! mes noyers,
mes sentiers verts, ma petite fontaine !
voilà mes jours passés encore tout pleins
de vie, voilà le monde mystérieux des
rêves de mon enfance ! O patrie ! patrie,
mot incompréhensible ! l'homme n'est-il
donc né que pour un coin de terre, pour y
bâtir son nid et pour y vivre un jour ?

LE CHŒUR

On nous a dit que vous êtes un savant,
Monseigneur.

PERDICAN

Oui, on me l'a dit aussi. Les sciencs sont
une belle chose, mes enfants ; ces arbres
et ces prairies enseignent à haute voix la
plus belle de toutes, l'oubli de ce qu'on sait.

LE CHŒUR

Il s'est fait plus d'un changement pendant
votre absence. Il y a des filles mariées et
des garçons partis pour l'armée.

PERDICAN

Vous me conterez tout cela. Je m'attends
bien à du nouveau ; mais, en vérité, je n'en
veux pas encore. Comme ce lavoir est petit !
autrefois il me paraissait immense ; j'avais
emporté dans ma tête un océan et des
forêts, et je retrouve une goutte d'eau et
des brins d'herbe. Quelle est donc cette
jeune fille qui chante à sa croisée, derrière ces arbres ?

LE CHŒUR

C'est Rosette, la sœur de lait de votre
cousine Camille.

PERDICAN, *s'avançant.*

Descends vite, Rosette, et viens ici.

ROSETTE, *entrant.*

Oui, Monseigneur.

PERDICAN

Tu me voyais de ta fenêtre, et tu ne venais pas, méchante fille ! Donne-moi vite cette main-là, et ces joues-là, que je t'embrasse.

ROSETTE

Oui, Monseigneur.

PERDICAN

Es-tu mariée, petite? on m'a dit que tu l'étais.

ROSETTE

Oh ! non.

PERDICAN

Pourquoi? il n'y a pas dans le village de plus jolie fille que toi. Nous te marierons, mon enfant.

LE CHŒUR

Monseigneur, elle veut mourir fille.

PERDICAN

Est-ce vrai, Rosette?

ROSETTE

Oh! non.

PERDICAN

Ta sœur Camille est arrivée. L'as-tu vue?

ROSETTE

Elle n'est pas encore venue par ici.

PERDICAN

Va-t'en vite mettre ta robe neuve, et viens souper au château.

## SCÈNE V

Une salle.

LE BARON *et* MAITRE BLAZIUS, *entrant.*

MAITRE BLAZIUS

Seigneur, j'ai un mot à vous dire ; le curé
de la paroisse est un ivrogne.

LE BARON

Fi donc ! cela ne se peut pas.

MAITRE BLAZIUS

J'en suis certain ; il a bu à dîner trois
bouteilles de vin.

LE BARON

Cela est exorbitant.

MAITRE BLAZIUS

Et, en sortant de table, il a marché sur
les plates-bandes.

LE BARON

Sur les plates-bandes ! — Je suis confondu.
Voilà qui est étrange ! — Boire trois bouteilles de vin à dîner ! marcher sur les plates-
bandes ! c'est incompréhensible. Et pourquoi
ne marchait-il pas dans l'allée ?

MAITRE BLAZIUS

Parce qu'il allait de travers.

LE BARON, *à part.*

Je recommence à croire que Bridaine avait
raison ce matin. Ce Blazius sent le vin d'une
manière horrible.

MAITRE BLAZIUS

De plus il a mangé beaucoup ; sa parole
était embarrassée.

#### LE BARON

Vraiment, je l'ai remarqué aussi.

#### MAITRE BLAZIUS

Il a lâché quelques mots latins ; c'étaient autant de solécismes ; seigneur, c'est un homme dépravé.

#### LE BARON, à part.

Pouah ! ce Blazius a une odeur qui est intolérable.     Apprenez, gouverneur, que j'ai bien autre chose en tête, et que je ne me mêle jamais de ce qu'on boit ni de ce qu'on mange. Je ne suis pas un majordome.

#### MAITRE BLAZIUS

A Dieu ne plaise que je vous déplaise, monsieur le baron. Votre vin est bon.

#### LE BARON

Il y a de bon vin dans mes caves.

#### MAITRE BRIDAINE, entrant.

Seigneur, votre fils est sur la place, suivi de tous les polissons du village.

#### LE BARON

Cela est impossible.

#### MAITRE BRIDAINE

Je l'ai vu de mes propres yeux. Il ramassait des cailloux pour faire des ricochets.

#### LE BARON

Des ricochets ! ma tête s'égare ; voilà mes idées qui se bouleversent. Vous me faites un rapport insensé, Bridaine. Il est inouï qu'un docteur fasse des ricochets.

#### MAITRE BRIDAINE

Mettez-vous à la fenêtre, Monseigneur, vous le verrez de vos propres yeux.

LE BARON, à part.

O ciel! Blazius a raison; Bridaine va de travers.

MAITRE BRIDAINE

Regardez, Monseigneur, le voilà au bord du lavoir. Il tient sous le bras une jeune paysanne.

LE BARON

Une jeune paysanne! Mon fils vient-il ici pour débaucher mes vassales? Une paysanne sous le bras! et tous les gamins du village autour de lui! Je me sens hors de moi.

MAITRE BRIDAINE

Cela crie vengeance.

LE BARON

Tout est perdu! — perdu sans ressource! — Je suis perdu : Bridaine va de travers, Blazius sent le vin à faire horreur, et mon fils séduit toutes les filles du village en faisant des ricochets !          (*Il sort.*)

---

# ACTE DEUXIÈME

---

## SCÈNE PREMIÈRE

Un jardin.

MAITRE BLAZIUS et PERDICAN, *entrant.*

MAITRE BLAZIUS

Seigneur, votre père est au désespoir.

PERDICAN

Pourquoi cela?

MAITRE BLAZIUS

Vous n'ignorez pas qu'il avait formé le projet de vous unir à votre cousine Camille?

**PERDICAN**

Eh bien ? — Je ne demande pas mieux.

**MAITRE BLAZIUS**

Cependant le baron croit remarquer que vos caractères ne s'accordent pas.

**PERDICAN**

Cela est malheureux ; je ne puis refaire le mien.

**MAITRE BLAZIUS**

Rendrez-vous par là ce mariage impossible ?

**PERDICAN**

Je vous répète que je ne demande pas mieux que d'épouser Camille. Allez trouver le baron et dites-lui cela.

**MAITRE BLAZIUS**

Seigneur, je me retire : voilà votre cousine qui vient de ce côté. (*Il sort. — Entre Camille.*)

**PERDICAN**

Déjà levée, cousine ? J'en suis toujours pour ce que je t'ai dit hier : tu es jolie comme un cœur !

**CAMILLE**

Parlons sérieusement, Perdican ; votre père veut nous marier. Je ne sais ce que vous en pensez ; mais je crois bien faire en vous prévenant que mon parti est pris là-dessus.

**PERDICAN**

Tant pis pour moi si je vous déplais.

**CAMILLE**

Pas plus qu'un autre, je ne veux pas me marier ; il n'y a rien là dont votre orgueil puisse souffrir.

**PERDICAN**

L'orgueil n'est pas mon fait; je n'en estime ni les joies ni les peines.

**CAMILLE**

Je suis venue ici pour recueillir le bien de ma mère, je retourne demain au couvent.

**PERDICAN**

Il y a de la franchise dans ta démarche; touche là, et soyons bons amis.

**CAMILLE**

Je n'aime pas les attouchements.

**PERDICAN,** *lui prenant la main.*

Donne-moi ta main, Camille, je t'en prie. Que crains-tu de moi? Tu ne veux pas qu'on nous marie? eh bien! ne nous marions pas; est-ce une raison pour nous haïr? ne sommes-nous pas le frère et la sœur? Lorsque ta mère a ordonné ce mariage dans son testament, elle a voulu que notre amitié fût éternelle, voilà tout ce qu'elle a voulu. Pourquoi nous marier? voilà ta main et voilà la mienne; et, pour qu'elles restent unies ainsi jusqu'au dernier soupir, crois-tu qu'il nous faille un prêtre? Nous n'avons besoin que de Dieu.

**CAMILLE**

Je suis bien aise que mon refus vous soit indifférent.

**PERDICAN**

Il ne m'est point indifférent, Camille. Ton amour m'eût donné la vie, mais ton amitié m'en consolera. Ne quitte pas le château demain; hier, tu as refusé de faire un tour de jardin, parce que tu voyais en moi un mari dont tu ne voulais pas. Reste ici quelques jours, laisse-moi espérer que notre vie passée n'est pas morte à jamais dans notre cœur.

CAMILLE

Je suis obligée de partir.

PERDICAN

Pourquoi ?

CAMILLE

C'est mon secret.

PERDICAN

En aimes-tu un autre que moi ?

CAMILLE

Non ; mais je veux partir.

PERDICAN

Irrévocablement ?

CAMILLE

Oui, irrévocablement.

PERDICAN

Eh bien ! adieu. J'aurais voulu m'asseoir avec toi sous les marronniers du petit bois, et causer de bonne amitié une heure ou deux. Mais, si cela te déplaît, n'en parlons plus ; adieu, mon enfant.          (*Il sort.*)

CAMILLE, *à dame Pluche, qui entre.*

Dame Pluche, tout est-il prêt ? Partirons-nous demain ? Mon tuteur a-t-il fini ses comptes ?

DAME PLUCHE

Oui, chère colombe sans tache. Le baron m'a traitée de pécore hier soir, et je suis enchantée de partir.

CAMILLE

Tenez, voilà un mot d'écrit que vous porterez avant dîner, de ma part, à mon cousin Perdican.

### DAME PLUCHE

Seigneur, mon Dieu! est-ce possible? Vous écrivez un billet à un homme?

### CAMILLE

Ne dois-je pas être sa femme? Je puis bien écrire à mon fiancé.

### DAME PLUCHE

Le seigneur Perdican sort d'ici. Que pouvez-vous lui écrire? Votre fiancé, miséricorde! Serait-il vrai que vous oubliiez Jésus?

### CAMILLE

Faites ce que je vous dis, et disposez tout pour notre départ.     *(Elles sortent.)*

## SCÈNE II

La salle à manger. — On met le couvert.

### MAITRE BRIDAINE, *entrant.*

Cela est certain, on lui donnera encore aujourd'hui la place d'honneur. Cette chaise que j'ai occupée si longtemps à la droite du baron sera la proie du gouverneur. O malheureux que je suis! Un âne bâté, un ivrogne sans pudeur, me relègue au bas bout de la table! Le majordome lui versera le premier verre de malaga, et, lorsque les plats arriveront à moi, ils seront à moitié froids, et les meilleurs morceaux déjà avalés: il ne restera plus autour des perdreaux ni choux ni carottes. O sainte Eglise catholique! Qu'on lui ait donné cette place hier, cela se concevait; il venait d'arriver; c'était la première fois, depuis nombre d'années, qu'il s'asseyait à cette table. Die comme il dévorait! Non, rien ne me restera que des os et des pattes de poulet. Je ne souffrirai pas cet affront. Adieu, vénérable fauteuil où je me suis renversé tant de fois, gorgé de mets succulents! Adieu, bouteilles cachetées, fumet sans pareil de venaisons cuites à point! Adieu, table splendide, noble salle à manger, je ne dirai plus le bénédicité! Je retourne à ma cure; on ne me verra pas confondu parmi la foule des convives, et j'aime mieux, comme César, être le premier au village que le second dans Rome.          *(Il sort.)*

## SCÈNE III

Un champ devant une petite maison.

ROSETTE *et* PERDICAN, *entrant.*

### PERDICAN

Puisque ta mère n'y est pas, viens faire un tour de promenade.

### ROSETTE

Croyez-vous que cela me fasse du bien, tous ces baisers que vous me donnez?

### PERDICAN

Quel mal y trouves-tu? Je t'embrasserais devant ta mère. N'es-tu pas la sœur de Camille? ne suis-je pas ton frère comme je suis le sien?

### ROSETTE

Des mots sont des mots et des baisers sont des baisers. Je n'ai guère d'esprit, et je m'en aperçois bien sitôt que je veux dire quelque chose. Les belles dames savent leur affaire, selon qu'on leur baise la main droite ou la main gauche; leurs pères les embrassent sur le front, leurs frères sur la joue, leurs amoureux sur les lèvres; moi,

tout le monde m'embrasse sur les deux
joues, et cela me chagrine.

#### PERDICAN

Que tu es jolie, mon enfant !

#### ROSETTE

Il ne faut pas non plus vous fâcher pour
cela. Comme vous paraissez triste ce matin !
votre mariage est donc manqué ?

#### PERDICAN

Les paysans de ton village se souvien-
nent de m'avoir aimé ; les chiens de la
basse-cour et les arbres du bois s'en sou-
viennent aussi ; mais Camille ne s'en souviens pas. Et toi, Rosette, à quand le mariage ?

#### ROSETTE

Ne parlons pas de cela, voulez-vous ? Parlons du temps qu'il fait, de ces fleurs que
voilà, de vos chevaux et de mes bonnets.

#### PERDICAN

De tout ce qui te plaira, de tout ce qui
peut passer sur tes lèvres sans leur ôter
ce sourire céleste que je respecte plus que
ma vie.                              (Il l'embrasse.)

#### ROSETTE

Vous respectez mon sourire, mais vous
ne respectez guère mes lèvres, à ce qu'il
me semble. Regardez donc ; voilà une goutte
de pluie qui me tombe sur la main, et cependant le ciel est pur.

#### PERDICAN

Pardonne-moi.

#### ROSETTE

Que vous ai-je fait pour que vous pleu-
riez ?                               (Ils sortent.)

## SCÈNE IV

Au château.

MAITRE BLAZIUS *et* LE BARON, *entrant.*

##### MAITRE BLAZIUS

Seigneur, j'ai une chose singulière à vous dire. Tout à l'heure, j'étais par hasard dans l'office, je veux dire dans la galerie ; qu'aurais-je été faire dans l'office? j'étais donc dans la galerie. J'avais trouvé par accident une bouteille, je veux dire une carafe d'eau : comment aurais-je trouvé une bouteille dans la galerie? J'étais donc en train de boire un coup de vin, je veux dire un verre d'eau, pour passer le temps, et je regardais par la fenêtre, entre deux vases de fleurs qui me paraissaient d'un goût moderne, bien qu'ils soient imités de l'étrusque.

##### LE BARON

Quelle insupportable manière de parler vous avez adoptée, Blazius! vos discours sont inexplicables.

##### MAITRE BLAZIUS

Ecoutez-moi, seigneur, prêtez-moi un moment d'attention. Je regardais donc par la fenêtre. Ne vous impatientez pas, au nom du ciel! il y va de l'honneur de la famille,

##### LE BARON

De la famille! voilà qui est incompréhensible. De l'honneur de la famille, Blazius! Savez-vous que nous sommes trente-sept mâles, et presque autant de femmes, tant à Paris qu'en province?

##### MAITRE BLAZIUS

Permettez-moi de continuer. Tandis que je buvais un coup de vin, je veux dire un verre d'eau, pour hâter la digestion tardive, imaginez que j'ai vu passer sous la fenêtre dame Pluche hors d'haleine.

LE BARON

Pourquoi hors d'haleine, Blazius? ceci est insolite.

MAITRE BLAZIUS

Et, à côté d'elle, rouge de colère, votre nièce Camille.

LE BARON

Qui était rouge de colère, ma nièce ou dame Pluche?

MAITRE BLAZIUS

Votre nièce, seigneur.

LE BARON

Ma nièce rouge de colère! Cela est inouï! Et comment savez-vous que c'était de colère? Elle pouvait être rouge pour mille raisons; elle avait sans doute poursuivi quelques papillons dans mon parterre.

MAITRE BLAZIUS

Je ne puis rien affirmer là-dessus; cela se peut; mais elle s'écriait avec force : « Allez-y! trouvez-le! faites ce qu'on vous dit! vous êtes une sotte! je le veux! » Et elle frappait avec son éventail sur le coude de dame Pluche, qui faisait un soubresaut dans la luzerne à chaque exclamation.

LE BARON

Dans la luzerne?... Et que répondait la gouvernante aux extravagances de ma nièce? car cette conduite mérite d'être qualifiée ainsi.

MAITRE BLAZIUS

La gouvernante répondait : « Je ne veux pas y aller! Je ne l'ai pas trouvé. Il fait la

cour aux filles du village, à des gardeuses
de dindons. Je suis trop vieille pour com-
mencer à porter des messages d'amour;
grâce à Dieu, j'ai vécu les mains pures
jusqu'ici; » — et, tout en parlant, elle froissait
dans ses mains un petit papier plié en quatre.

### LA BARON

Je n'y comprends rien; mes idées s'em-
brouillent tout à fait. Quelle raison pouvait
avoir dame Pluche pour froisser un papier
plié en quatre en faisant des soubresauts
dans une luzerne? Je ne puis ajouter foi à
de pareilles monstruosités.

### MAITRE BLAZIUS

Ne comprenez-vous pas clairement, seigneur, ce que cela signifiait?

### LE BARON

Non, en vérité, non, mon ami, je n'y comprends absolument rien. Tout cela me paraît une conduite désordonnée, il est vrai,
mais sans motif comme sans excuse.

### MAITRE BLAZIUS

Cela veut dire que votre nièce a une correspondance secrète.

### LE BARON

Que dites-vous? Songez-vous de qui vous
parlez? Pesez vos paroles, monsieur l'abbé.

### MAITRE BLAZIUS

Je les pèserais dans la balance céleste qui
doit peser mon âme au jugement dernier,
que je n'y trouverais pas un mot qui sente
la fausse monnaie. Votre nièce a une correspondance secrète.

### LE BARON

Mais songez donc, mon ami, que cela est
impossible.

MAITRE BLAZIUS

Pourquoi aurait-elle chargé sa gouvernante d'une lettre? Pourquoi aurait-elle crié : *Trouvez le !* tandis que l'autre boudait et rechignait ?

LE BARON

Et à qui était adressée cette lettre ?

MAITRE BLAZIUS

Voilà précisément le *hic*, Monseigneur, *hic jacet lepus*. A qui était adressée cette lettre? à un homme qui fait la cour à une gardeuse de dindons. Or, un homme qui recherche en public une gardeuse de dindons peut être soupçonné violemment d'être né pour les garder lui-même. Cependant il est impossible que votre nièce, avec l'éducation qu'elle a reçue, soit éprise d'un pareil homme ; voilà ce que je dis, et ce qui fait que je n'y comprends rien non plus que vous, révérence parler.

LE BARON

O ciel ! ma nièce m'a déclaré ce matin même qu'elle refusait son cousin Perdican. Aimerait-elle un gardeur de dindons ? Passons dans mon cabinet ; j'ai éprouvé depuis hier des secousses si violentes, que je ne puis rassembler mes idées.    (*Ils sortent.*)

## SCÈNE V

### Une fontaine dans un bois.

PERDICAN, *entrant, lisant un billet.*

« Trouvez-vous à midi à la petite fontaine. » Que veut dire cela? tant de froideur, un refus si positif, si cruel, un orgueil si insensible, et un rendez-vous par-dessus tout? Si c'est pour me parler d'affaires, pourquoi choisir un pareil endroit ? Est-ce une coquetterie? Ce matin, en me promenant avec Rosette, j'ai entendu remuer dans les broussailles, et il m'a semblé que c'était un pas de biche. Y a-t-il ici quelque intrigue?

CAMILLE, *entrant.*

Bonjour cousin; j'ai cru m'apercevoir, à tort ou à raison, que vous me quittiez tristement ce matin. Vous m'avez pris la main malgré moi, je viens vous demander de me donner la vôtre. Je vous ai refusé un baiser, le voilà. (*Elle l'embrasse.*) Maintenant, vous m'avez dit que vous seriez bien aise de causer de bonne amitié. Asseyez-vous là, et causons.          (*Elle s'assoit.*)

PERDICAN

Avais-je fait un rêve, ou en fais-je un autre en ce moment?

CAMILLE

Vous avez trouvé singulier de recevoir un billet de moi, n'est-ce pas? Je suis d'humeur changeante; mais vous m'avez dit ce matin un mot très juste : « Puisque nous nous quittons, quittons-nous bons amis. » Vous ne savez pas la raison pour laquelle je pars, et je viens vous la dire : je vais prendre le voile.

PERDICAN

Est-ce possible? Est-ce toi, Camille, que je vois dans cette fontaine, assise sur les marguerites comme aux jours d'autrefois?

CAMILLE

Oui, Perdican, c'est moi. Je viens revivre un quart d'heure de la vie passée. Je vous ai paru brusque et hautaine; cela est tout simple, j'ai renoncé au monde. Cependant, avant de le quitter, je serais bien aise d'avoir votre avis. Trouvez-vous que j'aie raison de me faire religieuse ?

PERDICAN

Ne m'interrogez pas là-dessus, car je ne me ferai jamais moine.

CAMILLE

Depuis près de dix ans que nous avons vécu éloignés l'un de l'autre, vous avez commencé l'expérience de la vie. Je sais quel homme vous êtes, et vous devez avoir beaucoup appris en peu de temps avec un cœur et un esprit comme les vôtres. Dites-moi, avez-vous eu des maîtresses ?

PERDICAN

Pourquoi cela ?

CAMILLE

Répondez-moi, je vous en prie, sans modestie et sans fatuité.

PERDICAN

J'en ai eu.

CAMILLE

Les avez-vous aimées ?

PERDICAN

De tout mon cœur ?

CAMILLE

Où sont-elles maintenant ? Le savez-vous ?

PERDICAN

Voilà, en vérité, des questions singulières. Que voulez-vous que je vous dise ? Je ne suis ni leur mari ni leur frère; elles sont allées où bon leur a semblé.

CAMILLE

Il doit nécessairement y en avoir une que vous ayez préférée aux autres. Combien

de temps avez-vous aimé celle que vous
avez aimée le mieux?

PERDICAN

Tu es une drôle de fille! Veux-tu te faire
mon confesseur?

CAMILLE

C'est une grâce que je vous demande, de
me répondre sincèrement. Vous n'êtes point
un libertin, et je crois que votre cœur a de
la probité. Vous avez dû inspirer l'amour,
car vous le méritez, et vous ne vous seriez
pas livré à un caprice. Répondez-moi, je
vous en prie.

PERDICAN

Ma foi, je ne m'en souviens pas.

CAMILLE

Connaissez-vous un homme qui n'ait aimé
qu'une femme?

PERDICAN

Il y en a certainement.

CAMILLE

Est-ce un de vos amis? Dites-moi son nom.

PERDICAN

Je n'ai pas de nom à vous dire, mais
je crois qu'il y a des hommes capables de
n'aimer qu'une fois.

CAMILLE

Combien de fois un honnête homme peut-
il aimer?

PERDICAN

Veux-tu me faire réciter une litanie, ou
récites-tu toi-même un catéchisme?

CAMILLE

Je voudrais m'instruire et savoir si j'ai
tort ou raison de me faire religieuse. Si je

vous épousais, ne devriez-vous pas répondre avec franchise à toutes mes questions,
et me montrer votre cœur à nu? Je vous
estime beaucoup et je vous crois, par votre
éducation et par votre nature, supérieur à
beaucoup d'autres hommes. Je suis fâchée
que vous ne vous souveniez plus de ce que
je vous demande. Peut-être qu'en vous con-
naissant mieux je m'enhardirais.

**PERDICAN**

Où veux-tu en venir? Parle; je répondrai.

**CAMILLE**

Répondez donc à ma première question.
Ai-je raison de rester au couvent?

**PERDICAN**

Non.

**CAMILLE**

Je ferais donc mieux de vous épouser?

**PERDICAN**

Oui.

**CAMILLE**

Si le curé de votre paroisse soufflait sur
un verre d'eau et vous disait que c'est un
verre de vin, le boiriez-vous comme tel?

**PERDICAN**

Non.

**CAMILLE**

Si le curé de votre paroisse soufflait sur
vous et me disait que vous m'aimerez toute
votre vie, aurais-je raison de le croire?

**PERDICAN**

Oui et non.

**CAMILLE**

Que me conseilleriez-vous de faire le jour
où je verrais que vous ne m'aimez plus?

PERDICAN

De prendre un amant.

CAMILLE

Que ferai-je ensuite le jour où mon amant ne m'aimera plus ?

PERDICAN

Tu en prendras un autre.

CAMILLE

Combien de temps cela durera-t-il ?

PERDICAN

Jusqu'à ce que tes cheveux soient gris, et alors les miens seront blancs.

CAMILLE

Savez-vous ce que c'est que les cloîtres, Perdican ? Vous êtes-vous jamais assis un jour entier sur le banc d'un monastère de femmes ?

PERDICAN

Oui, je m'y suis assis.

CAMILLE

J'ai pour amie une sœur qui n'a que trente ans, et qui a eu cinq cent mille livres de revenu à l'âge de quinze ans. C'est la plus belle et la plus noble créature qui ait marché sur terre. Elle était pairesse du parlement, et avait pour mari un des hommes les plus distingués de France. Aucune des nobles facultés humaines n'était restée sans culture en elle, et, comme un arbrisseau d'une sève choisie, tous ses bourgeons avaient donné des ramures. Jamais l'amour et le bonheur ne poseront leur couronne fleurie sur un front plus beau. Son mari l'a trompée ; elle a aimé un autre homme, et elle se meurt de désespoir.

**PERDICAN**

Cela est possible.

**CAMILLE**

Nous habitons la même cellule, et j'ai passé des nuits entières à parler de ses malheurs; ils sont presque devenus les miens; cela est singulier, n'est-ce pas? Je ne sais trop comment cela se fait. Quand elle me parlait de son mariage, quand elle me peignait d'abord l'ivresse des premiers jours, puis la tranquillité des autres, et comme enfin tout s'était envolé; comme elle était assise le soir au coin du feu, et lui auprès de la fenêtre, sans se dire un seul mot; comme leur amour avait langui, et comme tous les efforts pour se rapprocher n'aboutissaient qu'à des querelles; comme une figure étrangère est venue peu à peu se placer entre eux et se glisser dans leurs souffrances; c'était moi que je voyais agir tandis qu'elle parlait. Quand elle disait: « Là, j'ai été heureuse, » mon cœur bondissait; et quand elle ajoutait : « Là, j'ai pleuré, » mes larmes coulaient. Mais figurez-vous quelque chose de plus singulier encore : j'avais fini par me créer une vie imaginaire; cela a duré quatre ans; il est inutile de vous dire par combien de réflexions, de retours sur moi-même tout cela est venu. Ce que je voulais vous raconter comme une curiosité, c'est que tous les récits de Louise, toutes les fictions de mes rêves portaient votre ressemblance.

**PERDICAN**

Ma ressemblance, à moi?

**CAMILLE**

Oui, et cela est naturel : vous étiez le

seul homme que j'eusse connu. En vérité,
je vous ai aimé, Perdican.

### PERDICAN

Quel âge as-tu, Camille?

### CAMILLE

Dix-huit ans.

### PERDICAN

Continue, continue; j'écoute.

### CAMILLE

Il y a deux cents femmes dans notre couvent; un petit nombre de ces femmes ne
connaîtra jamais la vie, et tout le reste
attend la mort. Plus d'une parmi elles sont
sorties du monastère comme j'en sors aujourd'hui, vierges et pleines d'espérances.
Elles sont revenues, peu de temps après,
vieilles et désolées. Tous les jours il en
meurt dans nos dortoirs, et tous les jours
il en vient de nouvelles prendre la place des
mortes sur les matelas de crin. Les étrangers qui nous visitent admirent le calme et
l'ordre de la maison; ils regardent attentivement la blancheur de nos voiles; mais
ils se demandent pourquoi nous les rabais-
sons sur nos yeux. Que pensez-vous de ces
femmes, Perdican? Ont-elles tort, ou ont-
elles raison?

### PERDICAN

Je n'en sais rien.

### CAMILLE

Il s'en est trouvé quelques-unes qui m'ont
conseillé de rester vierge. Je suis bien aise
de vous consulter Croyez-vous que ces
femmes-là auraient mieux fait de prendre
un amant et de me conseiller d'en faire
autant?

PERDICAN

Je n'en sais rien.

CAMILLE

Vous aviez promis de me répondre.

PERDICAN

J'en suis dispensé tout naturellement : je ne crois pas que ce soit toi qui parles.

CAMILLE

Cela se peut; il doit y avoir dans toutes mes idées des choses très ridicules. Il se peut bien qu'on m'ait fait la leçon, et que je ne sois qu'un perroquet malappris. Il y a dans la galerie un petit tableau qui repré- sente un moine courbé sur un missel; à tra- vers les barreaux obscurs de sa cellule glisse un faible rayon de soleil, et on aper- çoit une locanda italienne, devant laquelle danse un chevrier. Lequel de ces deux hommes estimez-vous davantage?

PERDICAN

Ni l'un ni l'autre et tous les deux. Ce sont deux hommes de chair et d'os ; il y en a un qui lit et un autre qui danse; je n'y vois pas autre chose. Tu as raison de te faire religieuse.

CAMILLE

Vous me disiez non, tout à l'heure.

PERDICAN

Ai-je dit non ? Cela est possible.

CAMILLE

Ainsi vous me le conseillez!

PERDICAN

Ainsi tu ne crois à rien?

CAMILLE

Lève la tête, Perdican? Quel est l'homme qui ne croit à rien?

PERDICAN, *se levant.*

En voilà un; je ne crois pas à la vie immortelle. — Ma sœur chérie, les religieuses t'ont donné leur expérience; mais, crois-moi, ce n'est pas la tienne; tu ne mourras pas sans aimer.

CAMILLE

Je veux aimer, mais je ne veux pas souffrir; je veux aimer d'un amour éternel, et faire des serments qui ne se violent pas. Voilà mon amant. (*Elle montre son crucifix.*)

PERDICAN

Cet amant-là n'exclut pas les autres.

CAMILLE

Pour moi, du moins, il les exclura. Ne souriez pas, Perdican! Il y a dix ans que ne je vous ai vu, et je pars demain. Dans dix autres années, si nous nous revoyons, nous en reparlerons. J'ai voulu ne pas rester dans votre souvenir comme une froide statue; car l'insensibilité mène au point où j'en suis. Ecoutez-moi : retournez à la vie, et, tant que vous serez heureux, tant que vous aimerez comme on peut aimer sur la terre, oubliez votre sœur Camille; mais, s'il vous arrive jamais d'être oublié ou d'oublier vous-même, si l'ange de l'espérance vous abandonne, lorsque vous serez seul avec le vide dans le cœur, pensez à moi qui prierai pour vous.

PERDICAN

Tu es une orgueilleuse; prends garde à toi.

CAMILLE

Pourquoi ?

PERDICAN

Tu as dix-huit ans, et tu ne crois pas à l'amour !

CAMILLE

Y croyez-vous, vous qui parlez ? vous voilà courbé près de moi avec des genoux qui se sont usés sur les tapis de vos maîtresses, et vous n'en savez plus le nom. Vous avez pleuré des larmes de joie et des larmes de désespoir ; mais vous saviez que l'eau des sources est plus constante que vos larmes, et qu'elle serait toujours là pour laver vos paupières gonflées. Vous faites votre métier de jeune homme, et vous souriez quand on vous parle de femmes désolées ; vous ne croyez pas qu'on puisse mourir d'amour, vous qui vivez et qui avez aimé. Qu'est-ce donc que le monde ? Il me semble que vous devez cordialement mépriser les femmes qui vous prennent tel que vous êtes, et qui chassent leur dernier amant pour vous attirer dans leurs bras avec les baisers d'un autre sur les lèvres. Je vous demandais tout à l'heure si vous aviez aimé ; vous m'avez répondu comme un voyageur à qui l'on demanderait s'il a été en Italie ou en Allemagne, et qui dirait : « Oui, j'y ai été ; » puis qui penserait à aller en Suisse, ou dans le premier pays venu. Est-ce donc une monnaie que votre amour pour qu'il puisse passer ainsi de main en main jusqu'à la mort ? Non, ce n'est pas même une monnaie ; car la plus mince pièce d'or vaut mieux que vous, et dans quelques mains qu'elle passe, elle garde son effigie.

**PERDICAN**

Que tu es belle, Camille, lorsque [...] us prend s'animent!

**CAMILLE**

Oui, je suis belle, je le sais. Le[s] menteurs ne m'apprendront rien; [...] nonne qui coupera mes cheveu[x] peut-être de sa mutilation; mais [...] changeront pas en bagues et en c[...] pour courir les boudoirs; il n'en man[que] pas un seul sur ma tête lorsque le fe[r] passera; je ne veux qu'un coup de ciseau, et, quand le prêtre qui me bênira me mettra au doigt l'anneau d'or de mon époux céleste, la mèche de cheveux que je lui donnerai pourra lui servir de manteau.

**PERDICAN**

Tu es en colère, en vérité.

**CAMILLE**

J'ai eu tort de parler; j'ai ma vie entière sur mes lèvres. Ô Perdican! ne raillez pas, tout cela est triste à mourir.

**PERDICAN**

Pauvre enfant, je te laisse dire, et j'ai bien envie de te répondre un mot. Tu me parles d'une religieuse qui paraît avoir eu sur toi une influence funeste; tu dis qu'elle a été trompée, qu'elle a trompé elle-même et qu'elle est désespérée. Es-tu sûre que, si son mari ou son amant revenait lui tendre la main à travers la grille du parloir, elle ne lui tendrait pas la sienne?

**CAMILLE**

Qu'est-ce que vous dites? J'ai mal entendu.

**PERDICAN**

Pourquoi dire que, si son mari ou son amant lui dire de souffrir encore, elle t non?

Tu as di

**CAMILLE**

l'amour! is.

**PERDICAN**

Y croy deux cents femmes dans ton mo-
voilà c, et la plupart ont au fond du cœur
qui se lessures profondes; elles te les ont
tre toucher, et elles ont coloré ta pensée
virginale des gouttes de leur sang. Elles
ont vécu, n'est-ce pas? et elles t'ont montré
avec horreur la route de leur vie; tu t'es
signée devant leurs cicatrices comme devant
les plaies de Jésus; elles t'ont fait une place
dans leur procession lugubre, et tu te serres
contre ces corps décharnés avec une crainte
religieuse, lorsque tu vois passer un homme.
Es-tu sûre que si l'homme qui passe était
celui qui les a trompées, celui pour qui
elles pleurent et elles souffrent, celui qu'elles
maudissent en priant Dieu, es-tu sûre qu'en
le voyant elles ne briseraient pas leurs
chaînes pour courir à leurs malheurs passés, et pour presser leurs poitrines. sanglantes sur le poignard qui les a meurtries?
O mon enfant! sais-tu les rêves de ces
femmes qui te disent de ne pas rêver?
Sais-tu quel nom elles murmurent quand
les sanglots qui sortent de leurs lèvres font
trembler l'hostie qu'on leur présente? Elles
qui s'asseoient près de toi avec leurs têtes
branlantes pour verser dans ton oreille leur
vieillesse flétrie, elles qui sonnent dans les
ruines de ta jeunesse le tocsin de leur désespoir, et font sentir à ton sang vermeil la
fraîcheur de leurs tombes, sais-tu qui elles
sont

CAMILLE

Vous me faites peur ; la colère vous prend
aussi.

PERDICAN

Sais-tu ce que c'est que des nonnes, malheureuse fille ? Elles qui te représentent
l'amour des hommes comme un mensonge,
savent-elles qu'il y a pis encore, le mensonge de l'amour divin ? Savent-elles que
c'est un crime qu'elles font, de venir chu-
choter à une vierge des paroles de femme ?
Ah ! comme elles t'ont fait la leçon ! Comme
j'avais prévu tout cela quand tu t'es arrêtée
devant le portrait de notre vieille tante ! Tu
voulais partir sans me serrer la main ; tu
ne voulais revoir ni ce bois, ni cette pauvre
petite fontaine qui nous regarde tout en larmes ; tu reniais les jours de ton enfance, et le
masque de plâtre que les nonnes t'ont placé
sur les joues me refusait un baiser de frère ;
mais ton cœur a battu ; il a oublié sa leçon,
lui qui ne sait pas lire, et tu es revenue
t'asseoir sur l'herbe où nous voilà. Eh bien !
Camille, ces femmes ont bien parlé, elles
t'ont mise dans le vrai chemin ; il pourra
m'en coûter le bonheur de ma vie ; mais dis-
leur cela de ma part : le ciel n'est pas pour
elles.

CAMILLE

Ni pour moi. n'est-ce pas ?

PERDICAN

Adieu, Camille, retourne à ton couvent,
et, lorsqu'on te fera de ces récits hideux qui
t'ont empoisonnée, réponds-leur ce que je
vais te dire : « Tous les hommes sont menteurs, inconstants, faux, bavards, hypocrites, orgueilleux ou lâches, méprisables
et sensuels ; toutes les femmes sont per-

fides, artificieuses, vaniteuses, curieuses et dépravées ; le monde n'est qu'un égout sans fond où les phoques les plus informes rampent et se tordent sur des montagnes de fange; mais il y a au monde une chose sainte et sublime, c'est l'union de deux de ces êtres si imparfaits et si affreux. On est souvent trompé en amour, souvent blessé et souvent malheureux; mais on aime, et, quand on est sur le bord de sa tombe, on se retourne pour regarder en arrière, et on se dit : « J'ai souffert souvent, je me suis » trompé quelquefois, mais j'ai aimé. C'est » moi qui ai vécu, et non pas un être fac- » tice créé par mon orgueil et mon ennui. »

(*Il sort.*)

CAMILLE

Je leur dirai.

# ACTE TROISIÈME

## SCÈNE PREMIÈRE
### Devant le château.

LE BARON *et* MAITRE BLAZIUS, *entrant.*

#### LE BARON

Indépendamment de votre ivrognerie, vous êtes un bélître, maître Blazius. Mes valets vous voient entrer furtivement dans l'office, et, quand vous êtes convaincu d'avoir volé mes bouteilles de la manière la plus pi- toyable, vous croyez vous justifier en accu- sant ma nièce d'une correspondance secrète.

#### MAITRE BLAZIUS

Mais, Monseigneur, veuillez vous rap- peler...

LE BARON

Sortez, monsieur l'abbé, et ne reparaissez jamais devant moi; il est déraisonnable d'agir comme vous le faites, et ma gravité m'oblige à ne vous pardonner de ma vie.

*(Il sort; maître Blazius le suit.)*

PERDICAN, *entrant.*

Je voudrais bien savoir si je suis amoureux. D'un côté, cette manière d'interroger tant soit peu cavalière, pour une fille de dix-huit ans; d'un autre, les idées que ces nonnes lui ont fourrées dans la tête auront de la peine à se corriger. De plus, elle doit partir aujourd'hui. Diable! je l'aime, cela est sûr. Après tout, qui sait? peut-être elle répétait une leçon, et d'ailleurs il est clair qu'elle ne se soucie pas de moi. D'une autre part, elle a beau être jolie, cela n'empêche pas qu'elle n'ait des manières beaucoup trop décidées, et un ton trop brusque. Je n'ai qu'à n'y plus penser; il est clair que je ne l'aime pas. Cela est certain qu'elle est jolie; mais pourquoi cette conversation d'hier ne veut-elle pas me sortir de la tête? En vérité, j'ai passé la nuit à radoter. Où vais-je donc?—Ah! je vais au village. (*Il sort.*)

## SCÈNE II

Un chemin.

MAITRE BRIDAINE, *entrant.*

Que font-ils maintenant? Hélas! voilà midi. — Ils sont à table. Que mangent-ils? Que ne mangent-ils pas? J'ai vu la cuisinière traverser le village avec un énorme dindon. L'aide portait les truffes, avec un panier de raisin.

**MAITRE BLAZIUS,** *entrant.*

O disgrâce imprévue! me voilà chassé du château, par conséquent de la salle à manger. Je ne boirai plus le vin de l'office.

**MAITRE BRIDAINE**

Je ne verrai plus fumer les plats; je ne chaufferai plus au feu de la noble cheminée mon ventre copieux.

**MAITRE BLAZIUS**

Pourquoi une fatale curiosité m'a-t-elle poussé à écouter le dialogue de dame Pluche et de la nièce? Pourquoi ai-je rapporté au baron tout ce que j'ai vu?

**MAITRE BRIDAINE**

Pourquoi un vain orgueil m'a-t-il éloigné de ce dîner honorable, où j'étais si bien accueilli? Que m'importait d'être à droite ou à gauche?

**MAITRE BLAZIUS**

Hélas! j'étais gris, il faut en convenir, lorsque j'ai fait cette folie.

**MAITRE BRIDAINE**

Hélas! le vin m'avait monté à la tête quand j'ai commis cette imprudence.

**MAITRE BLAZIUS**

Il me semble que voilà le curé.

**MAITRE BRIDAINE**

C'est le gouverneur en personne.

**MAITRE BLAZIUS**

Oh! oh! monsieur le curé, que faites-vous là?

**MAITRE BRIDAINE**

Moi! je vais dîner. N'y venez-vous pas?

MAITRE BLAZIUS

Pas aujourd'hui. Hélas ! maître Bridaine,
intercédez pour moi ; le baron m'a chassé.
J'ai accusé faussement M¹¹ᵉ Camille d'avoir
une correspondance secrète, et cependant
Dieu m'est témoin que j'ai vu ou que j'ai
cru voir dame Pluche dans la luzerne. Je
suis perdu, monsieur le curé.

MAITRE BRIDAINE

Que m'apprenez-vous là ?

MAITRE BLAZIUS.

Hélas ! hélas ! la vérité. Je suis en disgrâce complète pour avoir volé une bouteille.

MAITRE BRIDAINE

Que parlez-vous, messire, de bouteilles
volées à propos d'une luzerne et d'une correspondance ?

MAITRE BLAZIUS

Je vous supplie de plaider ma cause. Je
suis honnête, seigneur Bridaine. O digne
seigneur Bridaine, je suis votre serviteur !

MAITRE BRIDAINE, à part.

O fortune ! est-ce un rêve ? Je serai donc
assis sur toi, ô chaise bienheureuse !

MAITRE BLAZIUS

Je vous serai reconnaissant d'écouter mon
histoire, et de vouloir bien m'excuser, brave
seigneur, cher curé.

MAITRE BRIDAINE

Cela m'est impossible, monsieur ; il est
midi sonné, et je m'en vais dîner. Si le
baron se plaint de vous, c'est votre affaire.
Je n'intercède point pour un ivrogne. ( à part.)
Vite, volons à la grille ; et toi, mon ventre,
arrondis-toi.          (*Il sort en courant.*)

MAITRE BLAZIUS, *seul.*

Misérable Pluche, c'est toi qui payeras pour tous ; oui, c'est toi qui es la cause de ma ruine, femme déhontée, vile entremetteuse, c'est à toi que je dois cette disgrâce. O sainte Université de Paris ! on me traite d'ivrogne ! Je suis perdu si je ne saisis une lettre, et si je ne prouve au baron que sa nièce a une correspondance. Je l'ai vue ce matin écrire à son bureau. Patience ! voici du nouveau. (*Passe dame Pluche portant une lettre.*) Pluche, donnez-moi cette lettre.

DAME PLUCHE

Que signifie cela ? C'est une lettre de ma maîtresse que je vais mettre à la poste au village.

MAITRE BLAZIUS

Donnez-la-moi, ou vous êtes morte.

DAME PLUCHE

Moi, morte ! morte ! Marie, Jésus, vierge et martyr !

MAITRE BLAZIUS

Oui, morte, Pluche ; donnez-moi ce papier.                            (*Ils se battent.*)

PERDICAN, *entrant.*

Qu'y a-t-il ? Que faites-vous, Blazius ? Pourquoi violenter cette femme ?

DAME PLUCHE

Rendez-moi la lettre. Il me l'a prise, seigneur, justice !

MAITRE BLAZIUS

C'est une entremetteuse, seigneur. Cette lettre est un billet doux.

### DAME PLUCHE

C'est une lettre de Camille, seigneur, de votre fiancée.

### MAITRE BLAZIUS

C'est un billet doux, à un gardeur de dindons.

### DAME PLUCHE

Tu en as menti, abbé. Apprends cela de moi.

### PERDICAN

Donnez-moi cette lettre ; je ne comprends rien à votre dispute ; mais, en qualité de fiancé de Camille, je m'arroge le droit de la lire. (*Il lit.*) « A la sœur Louise, au couvent de ***. » (*A part.*) Quelle maudite curiosité me saisit malgré moi ! Mon cœur bat avec force, et je ne sais ce que j'éprouve. — Retirez-vous, dame Pluche ; vous êtes une digne femme et maître Blazius est un sot. Allez dîner ; je me charge de remettre cette lettre à la poste.

(*Maître Blazius et dame Pluche sortent.*)

### PERDICAN, *seul.*

Que ce soit un crime d'ouvrir une lettre, je le sais trop bien pour le faire. Que peut dire Camille à cette sœur ? Suis-je donc amoureux ? Quel empire a donc pris sur moi cette singulière fille, pour que les trois mots écrits sur cette adresse me fassent trembler la main ? Cela est singulier ; Blazius, en se débattant avec la dame Pluche, a fait sauter le cachet. Est-ce un crime de rompre le pli ? Bon, je n'y changerai rien. (*Il ouvre la lettre et lit.*) « Je pars aujour-
» d'hui, ma chère, et tout est arrivé comme
» je l'avais prévu. C'est une terrible chose ;
» mais ce pauvre jeune homme a le poi-
» gnard dans le cœur ; il ne se consolera

» pas de m'avoir perdue. Cependant j'ai
» fait tout au monde pour le dégoûter de
» moi. Dieu me pardonnera de l'avoir ré-
» duit au désespoir par mon refus. Hélas !
» ma chère, que pouvais-je y faire? Priez
» pour moi ; nous nous reverrons demain,
» et pour toujours. Toute à vous du meil-
» leur de mon âme. — CAMILLE. »

Est-il possible? Camille écrit cela? C'est
de moi qu'elle parle ainsi ! Moi au désespoir de son refus ! Eh ! bon Dieu ! si cela
était vrai, on le verrait bien ; quelle honte
peut-il y avoir à aimer? Elle a fait tout au
monde pour me dégoûter, dit-elle, et j'ai le
poignard dans le cœur? Quel intérêt peut-
elle avoir à inventer un roman pareil?
Cette pensée que j'avais cette nuit est-elle
donc vraie? O femmes ! Cette pauvre Camille a peut-être une grande piété! c'est de
bon cœur qu'elle se donne à Dieu, mais
elle a résolu et décrété qu'elle me laisserait
au désespoir. Cela était convenu entre les
bonnes amies avant de partir du couvent.
On a décidé que Camille allait revoir son
cousin, qu'on le lui voudrait faire épouser,
qu'elle refuserait, et que le cousin serait
désolé. Cela est si intéressant, une jeune
fille qui fait à Dieu le sacrifice du bonheur
d'un cousin! Non, non, Camille, je ne t'aime
pas, je ne suis pas au désespoir, je n'ai
pas le poignard dans le cœur, et je te le
prouverai. Oui, tu sauras que j'en aime
une autre avant de partir d'ici. Holà! brave
homme ! (*Entre un paysan.*) Allez au château; dites à la cuisine qu'on envoie un
valet porter à M^{lle} Camille le billet que
voici. (*Il écrit.*)

LE PAYSAN

Oui, monseigneur. (*Il sort.*)

PERDICAN

Maintenant à l'autre. Ah! je suis au désespoir! Holà! Rosette, Rosette! (*Il frappe à une porte.*)

ROSETTE, *ouvrant.*

C'est vous, Monseigneur! Entrez, ma mère y est.

PERDICAN

Mets ton plus beau bonnet, Rosette, et viens avec moi.

ROSETTE

Où donc?

PERDICAN

Je te le dirai; demande la permission à ta mère, mais dépêche-toi.

ROSETTE

Oui, Monseigneur. (*Elle entre dans la maison.*)

PERDICAN

J'ai demandé un nouveau rendez-vous à Camille, et je suis sûr qu'elle y viendra; mais, par le ciel, elle n'y trouvera pas ce qu'elle compte y trouver. Je veux faire la cour à Rosette devant Camille elle-même.

## SCÈNE III
### Le petit bois.
CAMILLE *et* LE PAYSAN, *entrant.*

LE PAYSAN

Oh! Mademoiselle, je vais au château porter une lettre pour vous; faut-il que je vous la donne, ou que je la remette à la cuisine, comme l'a dit le seigneur Perdican?

CAMILLE

Donne-la-moi.

LE PAYSAN

Si vous aimez mieux que je la porte au château, ce n'est pas la peine de m'attarder ?

CAMILLE

Je te dis de me la donner.

LE PAYSAN

Ce qui vous plaira. (*Il donne la lettre.*)

CAMILLE

Tiens, voilà pour ta peine.

LE PAYSAN

Grand merci ; je m'en vais, n'est-ce pas ?

CAMILLE

Si tu veux.

LE PAYSAN

Je m'en vais, je m'en vais.    (*Il sort.*)

CAMILLE, *lisant.*

Perdican me demande de lui dire adieu, avant de partir, près de la petite fontaine où je l'ai fait venir hier. Que peut-il avoir à me dire ? Voilà justement la fontaine, et je suis toute portée. Dois-je accorder ce second rendez-vous ? Ah ! (*Elle se cache derrière un arbre.*) Voilà Perdican qui approche avec Rosette, ma sœur de lait. Je suppose qu'il va la quitter ; je suis bien aise de ne pas avoir l'air d'arriver la première. (*Entrent Perdican et Rosette, qui s'assoient.*)

CAMILLE, *cachée, à part.*

Que veut dire cela ? Il la fait asseoir près de lui ? Me demande-t-il un rendez-vous pour y venir causer avec une autre ? Je suis curieuse de savoir ce qu'il lui dit.

PERDICAN, *à haute voix, de manière que Camille l'entende.*

Je t'aime, Rosette ! toi seule au monde tu

n'as rien oublié de nos beaux jours passés;
toi seule tu te souviens de la vie qui n'est
plus; prends ta part de ma vie nouvelle;
donne-moi ton cœur, chère enfant; voilà le
gage de notre amour. (*Il lui pose sa chaîne
sur le cou.*)

ROSETTE

Vous me donnez votre chaîne d'or?

PERDICAN

Regarde à présent cette bague. Lève-toi
et approchons-nous de cette fontaine. Nous
vois-tu tous les deux, dans la source, ap-
puyés l'v n sur l'autre? Vois-tu tes beaux
yeux près des miens, ta main dans la
mienne? Regarde tout cela s'effacer. (*Il jette
sa bague dans l'eau.*) Regarde comme notre
image a disparu; la voilà qui revient peu
à peu; l'eau qui s'était troublée reprend son
équilibre; elle tremble encore; de grands
cercles noirs courent à sa surface; patience,
nous reparaissons; déjà je distingue de
nouveau tes bras enlacés dans les miens;
encore une minute, et il n'y aura plus une
ride sur ton joli visage; regarde! c'était
une bague que m'avait donnée Camille.

CAMILLE, *à part.*

Il a jeté ma bague dans l'eau!

PERDICAN

Sais-tu ce que c'est que l'amour, Rosette?
Ecoute! le vent se tait; la pluie du matin
roule en perles sur les feuilles séchées que
le soleil ranime. Par la lumière du ciel, par
le soleil que voilà, je t'aime! Tu veux bien
de moi, n'est-ce pas? On n'a pas flétri ta
jeunesse. On n'a pas infiltré dans ton sang
vermeil les restes d'un sang affadi! Tu ne
veux pas te faire religieuse; te voilà jeune
et belle dans les bras d'un jeune homme.

O Rosette, Rosette! sais-tu ce que c'est que l'amour?

### ROSETTE

Hélas! monsieur le docteur, je vous aimerai comme je pourrai.

### PERDICAN

Oui, comme tu pourras ; et tu m'aimeras mieux, tout docteur que je suis et toute paysanne que tu es, que ces pâles statues, fabriquées par les nonnes, qui ont la tête à la place du cœur, et qui sortent des cloîtres pour venir répandre dans la vie l'atmosphère humide de leurs cellules ; tu ne sais rien ; tu ne lirais pas dans un livre la prière que ta mère t'apprend, comme elle l'a apprise de sa mère ; tu ne comprends même pas le sens des paroles que tu répètes quand tu t'agenouilles au pied de ton lit ; mais tu comprends bien que tu pries, et c'est tout ce qu'il faut à Dieu.

### ROSETTE

Comme vous me parlez, Monseigneur!

### PERDICAN

Tu ne sais pas lire, mais tu sais ce que disent ces bois et ces prairies, ces tièdes rivières, ces beaux champs couverts de moissons, toute cette nature splendide de jeunesse. Tu reconnais tous ces milliers de frères, et moi pour l'un d'entre eux ; lève-toi, tu seras ma femme ; et nous prendrons racine ensemble dans la sève du monde tout-puissant.　　　　*(Il sort avec Rosette.)*

## SCÈNE IV

### LE CHŒUR, *entrant.*

Il se passe assurément quelque chose d'étrange au château ; Camille a refusé d'é-

pouser Perdican ; elle doit retourner aujourd'hui au couvent dont elle est venue.
Mais je crois que le seigneur son cousin
s'est consolé avec Rosette. Hélas ! la pauvre
fille ne sait pas quel danger elle court en
écoutant les discours d'un jeune et galant
seigneur.

DAME PLUCHE, *entrant.*

Vite, vite, qu'on selle mon âne !

LE CHŒUR

Passerez-vous comme un songe léger, ô
vénérable dame ? Allez-vous si promptte-
ment enfourcher derechef cette pauvre
bête qui est si triste de vous porter ?

DAME PLUCHE

Dieu merci, chère canaille, je ne mourrai
pas ici.

LE CHŒUR

Mourez au loin, Pluche, ma mie ; mourez
inconnue dans un caveau malsain. Nous
ferons des vœux pour votre respectable
résurrection.

DAME PLUCHE

Voici ma maîtresse qui s'avance. (*A Camille, qui entre.*) Chère Camille, tout est prêt
pour notre départ ; le baron a rendu ses
comptes, et mon âne est bâté.

CAMILLE

Allez au diable, vous et votre âne ! je ne
partirai pas aujourd'hui. (*Elle sort.*)

LE CHŒUR

Que veut dire ceci ? Dame Pluche est
pâle de terreur ; ses faux cheveux tentent
de se hérisser, sa poitrine siffle avec force
et ses doigts s'allongent en se crispant.

DAME PLUCHE

Seigneur Jésus ! Camille a juré ! (*Elle sort.*)

## SCÈNE V

### LE BARON et MAITRE BRIDAINE, *entrant*.

#### MAITRE BRIDAINE

Seigneur, il faut que je vous parle en particulier. Votre fils fait la cour à une fille du village.

#### LE BARON

C'est absurde, mon ami.

#### MAITRE BRIDAINE

Je l'ai vu distinctement passer dans la bruyère en lui donnant le bras; il se penchait à son oreille et lui promettait de l'épouser.

#### LE BARON

Cela est monstrueux.

#### MAITRE BRIDAINE

Soyez-en convaincu; il lui a fait un présent considérable, que la petite a montré à sa mère.

#### LE BARON

O ciel! considérable, Bridaine? En quoi considérable?

#### MAITRE BRIDAINE

Pour le poids et pour la conséquence. C'est la chaîne d'or qu'il portait à son bonnet.

#### LE BARON

Passons dans mon cabinet; je ne sais à quoi m'en tenir.                    (*Ils sortent.*)

## SCÈNE VI

### La chambre de Camille.

### CAMILLE et DAME PLUCHE, *entrant*.

#### CAMILLE

Il a pris ma lettre, dites-vous?

DAME PLUCHE

Oui, mon enfant! il s'est chargé de la mettre à la poste.

CAMILLE

Allez au salon, dame Pluche, et faites-moi le plaisir de dire à Perdican que je l'attends ici. (*Dame Pluche sort.*) Il a lu ma lettre, cela est certain; sa scène du bois est une vengeance, comme son amour pour Rosette. Il a voulu me prouver qu'il en aimait une autre que moi, et jouer l'indifférence malgré son dépit. Est-ce qu'il m'aimerait, par hasard? (*Elle lève la tapisserie.*) Es-tu là, Rosette?

ROSETTE, *entrant.*

Oui, puis-je entrer?

CAMILLE

Ecoute-moi, mon enfant; le seigneur Perdican ne te fait-il pas la cour?

ROSETTE

Hélas! oui.

CAMILLE

Que penses-tu de ce qu'il t'a dit ce matin?

ROSETTE

Ce matin? Où donc?

CAMILLE

Ne fais pas l'hypocrite. — Ce matin, à la fontaine, dans le petit bois.

ROSETTE

Vous m'avez donc vue?

CAMILLE

Pauvre innocente! Non, je ne t'ai pas vue. Il t'a fait de beaux discours, n'est-ce pas? Gageons qu'il t'a promis de t'épouser.

ROSETTE

Comment le savez-vous ?

CAMILLE

Qu'importe comment, je le sais ! Crois-tu
à ses promesses, Rosette ?

ROSETTE

Comment n'y croirais-je pas ? Il me trom-
perait donc ? Pourquoi faire ?

CAMILLE

Perdican ne t'épousera pas, mon enfant.

ROSETTE

Hélas ! je n'en sais rien.

CAMILLE

Tu l'aimes, pauvre fille ; il ne t'épousera
pas, et la preuve, je vais te la donner ;
rentre derrière ce rideau, tu n'auras qu'à
prêter l'oreille et à venir quand je t'appel-
lerai.                            (*Rosette sort.*)

CAMILLE, *seule.*

Moi qui croyais faire un acte de vengeance, ferais-je un acte d'humanité ? La
pauvre fille a le cœur pris. (*Entre Perdican.*)
Bonjour, cousin, asseyez-vous.

PERDICAN

Quelle toilette, Camille ! A qui en voulez-
vous ?

CAMILLE

A vous, peut-être ; je suis fâchée de n'a-
voir pu me rendre au rendez-vous que vous
m'avez demandé ; vous aviez quelque chose
à me dire ?

PERDICAN, *à part.*

Voilà, sur ma vie, un petit mensonge
assez gros, pour un agneau sans tache ;

je l'ai vue derrière un arbre écouter la
conversation. (*Haut.*) Je n'ai rien à vous
dire qu'un adieu, Camille; je croyais que
vous partiez; cependant votre cheval est à
l'écurie, et vous n'avez pas l'air d'être en
robe de voyage.

CAMILLE

J'aime la discussion; je ne suis pas bien
sûre de ne pas avoir eu envie de me quereller encore avec vous.

PERDICAN

A quoi sert de se quereller, quand le rac-
commodement est impossible? Le plaisir
des disputes, c'est de faire la paix.

CAMILLE

Êtes-vous convaincu que je ne veuille
pas la faire?

PERDICAN

Ne raillez pas ; je ne suis pas de force à
vous répondre.

CAMILLE

Je voudrais qu'on me fît la cour ; je ne
sais si c'est parce que j'ai une robe neuve,
mais j'ai envie de m'amuser. Vous m'avez
proposé d'aller au village, allons-y, je veux
bien; mettons-nous en bateau; j'ai envie
d'aller dîner sur l'herbe, ou de faire une
promenade dans la forêt. Fera-t-il clair de
lune, ce soir? Cela est singulier, vous n'a-
vez plus au doigt la bague que je vous ai
donnée?

PERDICAN

Je l'ai perdue.

CAMILLE

C'est pour cela que je l'ai trouvée ; tenez,
Perdican, la voilà.

PERDICAN

Est-ce possible ? Où l'avez-vous trouvée?

CAMILLE

Vous regardez si mes mains sont mouil-
lées, n'est-ce pas? En vérité, j'ai gâté ma
robe de couvent pour retirer ce petit hochet
d'enfant de la fontaine. Voilà pourquoi j'en
ai mis une autre, et, je vous dis, cela m'a
changée; mettez donc cela à votre doigt.

PERDICAN

Tu as retiré cette bague de l'eau, Camille,
au risque de te précipiter? Est-ce un songe?
La voilà; c'est toi qui me la mets au doigt!
Ah! Camille, pourquoi me le rends-tu, ce
triste gage d'un bonheur qui n'est plus?
Parle, coquette et imprudente fille, pourquoi
pars-tu? pourquoi restes-tu? Pourquoi, d'une
heure à l'autre, changes-tu d'apparence et
de couleur, comme la pierre de cette bague
à chaque rayon du soleil?

CAMILLE

Connaissez-vous le cœur des femmes,
Perdican? Etes-vous sûr de leur incons-
tance, et savez-vous si elles changent réellement de pensée en changeant quelquefois
de langage? Il y en a qui disent que non.
Sans doute, il nous faut souvent jouer un
rôle, souvent mentir; vous voyez que je
suis franche; mais êtes-vous sûr que tout
mente dans une femme, lorsque sa langue
ment? Avez-vous bien réfléchi à la nature
de cet être faible et violent, à la rigueur
avec laquelle on le juge, aux principes
qu'on lui impose? Et qui sait si, forcée à
tromper par le monde, la tête de ce petit
être sans cervelle ne peut pas y prendre
plaisir, et mentir quelquefois par passe-

temps, par folie, comme elle ment par né-
cessité?

### PERDICAN

Je n'entends rien à tout cela, et je ne
mens jamais. Je t'aime, Camille, voilà tout
ce que je sais.

### CAMILLE

Vous dites que vous m'aimez, et vous ne
mentez jamais?

### PERDICAN

Jamais.

### CAMILLE

En voilà une qui dit pourtant que cela
vous arrive quelquefois. (*Elle lève la tapisserie. — Rosette paraît au fond, évanouie sur
une chaise.*) Que répondrez-vous à cette enfant, Perdican, lorsqu'elle vous demandera
compte de vos paroles? Si vous ne mentez
jamais, d'où vient donc qu'elle s'est évanouie en vous entendant dire que vous
m'aimez? Je vous laisse avec elle; tâchez
de la faire revenir. (*Elle veut sortir.*)

### PERDICAN

Un instant, Camille, écoutez-moi.

### CAMILLE

Que voulez-vous me dire? c'est à Rosette
qu'il faut parler. Je ne vous aime pas, moi;
je n'ai pas été chercher par dépit cette
malheureuse enfant au fond de sa chaumière, pour en faire un appât, un jouet;
je n'ai pas répété imprudemment devant
elle des paroles brûlantes adressées à une
autre, je n'ai pas feint de jeter au vent
pour elle le souvenir d'une amitié chérie;
je ne lui ai pas mis ma chaîne au cou; je
ne lui ai pas dit que je l'épouserais.

**PERDICAN**

Écoutez-moi, écoutez-moi !

**CAMILLE**

N'as-tu pas souri tout à l'heure quand je t'ai dit que je n'avais pu aller à la fontaine ? Eh bien ! oui, j'y étais et j'ai tout entendu ; mais, Dieu m'en est témoin, je ne voudrais pas y avoir parlé comme toi. Que feras-tu de cette fille-là, maintenant, quand elle viendra, avec tes baisers ardents sur les lèvres, te montrer en pleurant la blessure que tu lui as faite ? Tu as voulu te venger de moi, n'est-ce pas, et me punir d'une lettre écrite à mon couvent ? tu as voulu me lancer à tout prix quelque trait qui pût m'atteindre, et tu comptais pour rien que ta flèche empoisonnée traversât cette enfant, pourvu qu'elle me frappât derrière elle. Je m'étais vantée de t'avoir inspiré quelque amour, de te laisser quelque regret. Cela t'a blessé dans ton noble orgueil ? Eh bien ! apprends-le de moi, tu m'aimes, entends-tu : mais tu épouseras cette fille, ou tu n'es qu'un lâche !

**PERDICAN**

Oui, je l'épouserai.

**CAMILLE**

Et tu feras bien.

**PERDICAN**

Très bien, et beaucoup mieux qu'en t'épousant toi-même. Qu'y a-t-il, Camille, qui t'échauffe si fort ? Cette enfant s'est évanouie ; nous la ferons bien revenir, il ne faut pour cela qu'un flacon de vinaigre ; tu as voulu me prouver que j'avais menti une fois dans ma vie ; cela est possible, mais je te trouve hardie de décider à quel instant. Viens, aide-moi à secourir Rosette.                           (*Ils sortent.*)

## SCÈNE VII

LE BARON et CAMILLE

LE BARON

Si cela se fait, je deviendrai fou.

CAMILLE

Employez votre autorité.

LE BARON

Je deviendrai fou et je refuserai mon consentement, voilà qui est certan.

CAMILLE

Vous devriez lui parler et lui faire entendre raison.

LE BARON

Cela me jettera dans le désespoir pour tout le carnaval, et je ne paraîtrai pas une fois à la cour. C'est un mariage disproportionné. Jamais on n'a entendu parler d'épouser la sœur de lait de sa cousine; cela passe toute espèce de bornes.

CAMILLE

Faites-le appeler, et dites-lui nettement que ce mariage vous déplaît. Croyez-moi, c'est une folie, et il ne résistera pas.

LE BARON

Je serai vêtu de noir cet hiver, tenez-le pour assuré.

CAMILLE

Mais parlez-lui, au nom du ciel! C'est un coup de tête qu'il a fait; peut-être n'est-il déjà plus temps; s'il en a parlé, il le fera.

LE BARON

Je vais m'enfermer pour m'abandonner à ma douleur. Dites-lui, s'il me demande, que je suis enfermé, et que je m'abandonne à ma douleur de le voir épouser une fille sans nom.                                    (*Il sort.*)

**CAMILLE**

Ne trouverai-je pas ici un homme de cœur? En vérité, quand on en cherche, on est effrayé de sa solitude. (*Entre Perdican.*) Eh bien! cousin, à quand le mariage?

**PERDICAN**

Le plus tôt possible; j'ai déjà parlé au notaire, au curé et à tous les paysans.

**CAMILLE**

Vous comptez donc réellement que vous épouserez Rosette?

**PERDICAN**

Assurément.

**CAMILLE**

Qu'en dira votre père?

**PERDICAN**

Tout ce qu'il voudra; il me plaît d'épouser cette fille : c'est une idée que je vous dois, et je m'y tiens. Faut-il vous répéter les lieux communs les plus rebattus sur sa naissance et sur la mienne? Elle est jeune et jolie, et elle m'aime; c'est plus qu'il n'en faut pour être trois fois heureux. Quelle ait de l'esprit ou qu'elle n'en ait pas, j'aurais pu trouver pire. On criera, on raillera; je m'en lave les mains.

**CAMILLE**

Il n'y a rien là de risible : vous faites très bien de l'épouser. Mais je suis fâchée pour vous d'une chose : c'est qu'on dira que vous l'avez fait par dépit.

**PERDICAN**

Vous êtes fâchée de cela? Oh! que non.

CAMILLE

Si! j'en suis vraiment fâchée pour vous. Cela fait du tort à un jeune homme, de ne pouvoir résister à un moment de dépit.

PERDICAN

Soyez-en donc fâchée; quant à moi, cela m'est bien égal.

CAMILLE

Mais vous n'y pensez pas; c'est une fille de rien.

PERDICAN

Elle sera donc de quelque chose lorsqu'elle sera ma femme.

CAMILLE

Elle vous ennuiera avant que le ·notaire ait mis son habit neuf et ses souliers pour venir ici; le cœur vous lèvera au repas de noces, et le soir de la fête vous lui ferez couper les mains et les pieds, comme dans tous les contes arabes, parce quelle sentira le ragoût.

PERDICAN

. Vous verrez que non. Vous ne me connaissez pas; quand une femme est douce et sensible, fraîche, bonne et belle, je suis capable de me contenter de cela, oui, en vérité, jusqu'à ne pas me soucier de savoir si elle parle latin.

CAMILLE

Il est à regretter qu'on ait dépensé tant d'argent pour vous l'apprendre; c'est trois mille écus de perdus.

PERDICAN

Oui; on aurait mieux fait de les donner aux pauvres.

### CAMILLE

Ce sera vous qui vous en chargerez, du moins pour les pauvres d'esprit.

### PERDICAN

Et ils me donneront en échange le royaume des cieux, car il est à eux.

### CAMILLE

Combien de temps durera cette plaisanterie?

### PERDICAN

Quelle plaisanterie?

### CAMILLE

Votre mariage avec Rosette.

### PERDICAN

Bien peu de temps; Dieu n'a pas fait de l'homme une œuvre de durée : trente ou quarante ans, tout au plus.

### CAMILLE

Je suis curieuse de danser à vos noces !

### PERDICAN

Écoutez-moi, Camille, voilà un ton de persiflage qui est hors de propos.

### CAMILLE

Il me plaît trop pour que je le quitte.

### PERDICAN

Je vous quitte donc vous-même, car j'en ai tout à l'heure assez.

### CAMILLE

Allez-vous chez votre épousée?

### PERDICAN

Oui, j'y vais de ce pas.

CAMILLE

Donnez-moi donc le bras; j'y vais aussi.
                                      (*Entre Rosette.*)

PERDICAN

Te voilà, mon enfant ! Viens, je veux te présenter à mon père.

ROSETTE, *se mettant à genoux.*

Monseigneur, je viens vous demander une grâce. Tous les gens du village à qui j'ai parlé ce matin m'ont dit que vous aimiez votre cousine, et que vous ne m'avez fait la cour que pour vous divertir tous deux ; on se moque de moi quand je passe, et je ne pourrai plus trouver de mari dans le pays, après avoir servi de risée à tout le monde. Permettez-moi de vous rendre le collier que vous m'avez donné, et de vivre en paix chez ma mère.

CAMILLE

Tu es une bonne fille, Rosette; garde ce collier, c'est moi qui te le donne, et mon cousin prendra le mien à la place. Quant à un mari, n'en sois pas embarrassée, je me charge de t'en trouver un.

PERDICAN

Cela n'est pas difficile, en effet. Allons, Rosette, viens, que je te mène à mon père.

CAMILLE

Pourquoi? Cela est inutile.

PERDICAN

Oui, vous avez raison, mon père nous recevrait mal; il faut laisser passer le premier moment de surprise qu'il a éprouvée. Viens avec moi, nous retournerons sur la place. Je trouve plaisant qu'on dise que je

ne t'aime pas quand je t'épouse. Pardieu !
nous les ferons bien taire.

(*Il sort avec Rosette.*)

CAMILLE

Que se passe-t-il donc en moi ? Il l'em-
mène d'un air bien tranquille. Cela est singulier : il me semble que la tête me tourne.
Est-ce qu'il l'épouserait tout de bon ? Holà !
dame Pluche, dame Pluche ! N'y a-t-il donc
personne ici ? (*En're un valet.*) Courez après
le seigneur Perdican ; dites-lui vite qu'il
remonte ici, j'ai à lui parler. (*Le valet sort.*)
Mais qu'est-ce donc que tout cela ? je n'en
puis plus, mes pieds refusent de me sou-
tenir. (*Rentre Perdican.*)

PERDICAN

Vous m'avez demandé, Camille ?

CAMILLE

Non, — non.

PERDICAN

En vérité, vous voilà pâle ; qu'avez-vous
à me dire ? Vous m'avez fait rappeler pour
me parler ?

CAMILLE

Non, non ! — O Seigneur Dieu ! (*Elle sort.*)

## SCENE VIII

### Un oratoire.

CAMILLE *entre ; elle se jette au pied de l'autel.*

M'avez-vous abandonnée, ô mon Dieu ?
Vous le savez, lorsque je suis venue, j'a-
vais juré de vous être fidèle ; quand j'ai
refusé de devenir l'épouse d'un autre que
vous, j'ai cru parler sincèrement devant
vous et ma conscience ; vous le savez, mon
père ; ne voulez-vous donc plus de moi ?

Oh! pourquoi faites vous mentir la vérité elle-même? Pourquoi suis-je si faible? Ah! malheureuse, je ne puis plus prier.

### PERDICAN, *entrant*.

Orgueil! le plus fatal des conseillers humains, qu'es-tu venu faire entre cette fille et moi? La voilà pâle et effrayée, qui presse sur les dalles insensibles son cœur et son visage. Elle aurait pu m'aimer, et nous étions nés l'un pour l'autre; qu'es-tu venu faire sur nos lèvres, orgueil, lorsque nos mains allaient se joindre?

### CAMILLE

Qui m'a suivie? Qui parle sous cette voûte? Est-ce toi, Perdican?

### PERDICAN

Insensés que nous sommes! nous nous aimons. Quel songe avons-nous fait, Camille? Quelles vaines paroles, quelles misérables folies ont passé comme un vent funeste entre nous deux! Lequel de nous a voulu tromper l'autre? Hélas! cette vie est elle-même un si pénible rêve! pourquoi encore y mêler les nôtres? O mon Dieu! le bonheur est une perle si rare dans cet océan d'ici bas! Tu nous l'avais donné, pêcheur céleste, tu l'avais tiré pour nous des profondeurs de l'abîme, cet inestimable joyau; et nous, comme des enfants gâtés que nous sommes, nous en avons fait un jouet. Le vert sentier qui nous amenait l'un vers l'autre avait une pente si douce, il était entouré de buissons si fleuris, il se perdait dans un si tranquille horizon! il a bien fallu que la vanité, le bavardage et la colère vinssent jeter leurs rochers informes sur cette route céleste, qui nous aurait conduits à toi dans un baiser! Il a bien fallu

que nous nous fissions du mal, car nous
sommes des hommes! O insensés! nous
nous aimons.   (*Il la prend dans ses bras.*)

### CAMILLE

Oui, nous nous aimons, Perdican; laisse-
moi le sentir sur ton cœur. Ce Dieu qui
nous regarde ne s'en offensera pas; il veut
bien que je t'aime; il y a quinze ans qu'il
le sait.

### PERDICAN

Chère créature, tu es à moi! (*Il l'embrasse;
on entend un grand cri derrière l'autel.*)

### CAMILLE

C'est la voix de ma sœur de lait.

### PERDICAN

Comment est-elle ici? Je l'avais laissée
dans l'escalier, lorsque tu m'as fait rappeler. Il faut donc qu'elle m'ait suivi sans
que je m'en sois aperçu.

### CAMILLE

Entrons dans cette galerie; c'est là qu'on
a crié.

### PERDICAN

Je ne sais ce que j'éprouve; il me semble
que mes mains sont couvertes de sang.

### CAMILLE

La pauvre enfant nous a sans doute
épiés; elle s'est encore évanouie; viens,
portons-lui secours. Hélas! tout cela est
cruel.

### PERDICAN

Non, en vérité, je n'entrerai pas; je sens
un froid mortel qui me paralyse. Vas-y,
Camille, et tâche de la ramener. (*Camille
sort.*) Je vous en supplie, mon Dieu! ne

faites pas de moi un meurtrier ! Nous sommes
deux enfants insensés, et nous avons joué
avec la vie et la mort ; mais notre cœur est
pur ; ne tuez pas Rosette, Dieu juste ! Je lui
trouverai un mari, je réparerai ma faute ;
elle est jeune, elle sera heureuse ; ne faites
pas cela, ô Dieu ! vous pouvez bénir encore
quatre de vos enfants. (*Camille rentre.*) Eh
bien ! Camille, qu'y a-t-il ?

CAMILLE

Elle est morte. Adieu, Perdican !

FIN DE « ON NE BADINE PAS AVEC L'AMOUR »

# UN CAPRICE

## COMÉDIE EN UN ACTE

PUBLIÉE EN 1837, REPRÉSENTÉE EN 1847

---

## PERSONNAGES

M. DE CHAVIGNY.
MATHILDE.
MADAME DE LÉRY.

*La scène se passe dans la chambre à coucher
de Mathilde.*

---

### SCÈNE PREMIÈRE

MATHILDE, *seule, travaillant au filet.*

Encore un point, et j'ai fini. (*Elle sonne;
un domestique entre*) Est-on venu de chez
Janisset?

#### LE DOMESTIQUE

Non, madame, pas encore.

#### MATHILDE

C'est insupportable; qu'on y retourne; dé-
pêchez-vous. (*Le domestique sort.*) J'aurais
dû prendre les premiers glands venus; il
est huit heures; il est à sa toilette; je suis
sûre qu'il va venir ici avant que tout soit
prêt. Ce sera encore un jour de retard. (*Elle
se lève.*) Faire une bourse en cachette à son
mari, cela passerait aux yeux de bien des
gens pour un peu plus que romanesque.
Après un an de mariage! Qu'est-ce que
M^me de Léry, par exemple, en dirait si elle

le savait? Et lui-même, qu'en pensera-t-il?
Bon! il rira peut-être du mystère, mais il
ne rira pas du cadeau. Pourquoi ce mystère,
en effet? Je ne sais ; il me semble que je
n'aurais pas travaillé de si bon cœur devant
lui ; cela aurait eu l'air de lui dire : « Voyez
comme je pense à vous » ; cela ressemble-
rait à un reproche; tandis qu'en lui mon-
trant mon petit travail fini, ce sera lui qui
se dira que j'ai pensé à lui.

LE DOMESTIQUE, *rentrant.*

On apporte cela à madame de chez le bi-
joutier. (*Il donne un petit paquet à Mathilde.*)

MATHILDE

Enfin ! (*Elle se rassoit*) Quand M. de Chavigny viendra, prévenez-moi. (*Le domestique
sort.*) Nous allons donc, ma chère petite
bourse, vous faire votre dernière toilette.
Voyons si vous serez coquette avec ces
glands-là? Pas mal. Comment serez-vous
reçue maintenant? Direz-vous tout le plaisir
qu'on a eu à vous faire, tout le soin qu'on
a pris de votre petite personne? On ne
s'attend pas à vous, mademoiselle. On n'a
voulu vous montrer que dans tous vos
atours. Aurez-vous un baiser pour votre
peine? (*Elle baise sa bourse et s'arrête.*) Pauvre
petite! tu ne vaux pas grand'chose; on ne
te vendrait pas deux louis. Comment se
fait-il qu'il me semble triste de me séparer
de toi? N'as-tu pas été commencée pour
être finie le plus vite possible? Ah! tu as
été commencée plus gaiement que je ne
t'achève. Il n'y a pourtant que quinze jours
de cela; que quinze jours, est-ce possible?
Non, pas davantage; et que de choses en
quinze jours! Arrivons-nous trop tard,
petite?... Pourquoi de telles idées? On vient,
je crois; c'est lui; il m'aime encore.

UN DOMESTIQUE, *entrant.*

Voilà M. le comte, madame.

MATHILDE

Ah ! mon Dieu ! je n'ai mis qu'un gland et j'ai oublié l'autre. Sotte que je suis ! Je ne pourrai pas encore la lui donner aujourd'hui ! Qu'il attende un instant, une minute, au salon ; vite, avant qu'il entre...

LE DOMESTIQUE

Le voilà, madame. (*Il sort. Mathilde cache sa bourse.*)

## SCÈNE II

### MATHILDE, CHAVIGNY

CHAVIGNY

Bonsoir, ma chère ; est-ce que je vous dérange ? (*Il s'assoit.*)

MATHILDE

Moi, Henri ? quelle question !

CHAVIGNY

Vous avez l'air troublé, préoccupé. J'oublie toujours, quand j'entre chez vous, que je suis votre mari, et je pousse la porte trop vite.

MATHILDE

Il y a là un peu de méchanceté ; mais, comme il y a aussi un peu d'amour, je ne vous en embrasserai pas moins. (*Elle l'embrasse.*) Qu'est-ce que vous croyez donc être, monsieur, quand vous oubliez que vous êtes mon mari ?

CHAVIGNY

Ton amant, ma belle ; est-ce que je me trompe ?

MATHILDE

Amant et ami, tu ne te trompes pas. (*A part.*) J'ai envie de lui donner la bourse comme elle est.

CHAVIGNY

Quelle robe as-tu donc? Tu ne sors pas?

MATHILDE

Non, je voulais... j'espérais que peut-être...

CHAVIGNY

Vous espériez?... Qu'est-ce que c'est donc?

MATHILDE

Tu vas au bal? tu es superbe.

CHAVIGNY

Pas trop; je ne sais si c'est ma faute ou celle du tailleur, mais je n'ai plus ma tournure du régiment.

MATHILDE

Inconstant! vous ne pensez pas à moi en vous mirant dans cette glace.

CHAVIGNY

Bah! à qui donc? Est-ce que je vais au bal pour danser? Je vous jure bien que c'est une corvée, et que je m'y traîne sans savoir pourquoi.

MATHILDE

Eh bien! restez, je vous en supplie. Nous serons seuls, et je vous dirai...

CHAVIGNY

Il me semble que ta pendule avance; il ne peut être si tard.

MATHILDE

On ne va pas au bal à cette heure-ci,

quoi que puisse dire la pendule. Nous sortons de table il y a un instant.

CHAVIGNY

J'ai dit d'atteler; j'ai une visite à faire.

MATHILDE

Ah! c'est différent. Je... je ne savais pas... j'avais cru...

CHAVIGNY

Eh bien?

MATHILDE

J'avais supposé... d'après ce que tu disais... Mais la pendule va bien; il n'est que huit heures. Accordez-moi un petit moment. J'ai une petite surprise à vous faire.

CHAVIGNY, se levant.

Vous savez, ma chère, que je vous laisse libre et que vous sortez quand il vous plaît. Vous trouverez juste que ce soit réciproque. Quelle surprise me destinez-vous?

MATHILDE

Rien; je n'ai pas dit ce mot-là, je crois.

CHAVIGNY

Je me trompe donc, j'avais cru l'entendre. Avez-vous là ces valses de Strauss? Prêtez-les-moi, si vous n'en faites rien.

MATHILDE

Les voilà; les voulez-vous maintenant?

CHAVIGNY

Mais, oui, si cela ne vous gêne pas. On me les a demandées pour un ou deux jours. Je ne vous en priverai pas pour longtemps.

MATHILDE

Est-ce pour Mᵐᵉ de Blainville?

CHAVIGNY, *prenant les valses.*

Plaît-il? ne parlez-vous pas de M<sup>me</sup> de Blainville?

MATHILDE

Moi! non. Je n'ai pas parlé d'elle.

CHAVIGNY

Pour cette fois j'ai bien entendu. (*Il se rassoit.*) Qu'est-ce que vous dites de M<sup>me</sup> de Blainville?

MATHILDE

Je pensais que mes valses étaient pour elle.

CHAVIGNY

Et pourquoi pensiez-vous cela?

MATHILDE

Mais parce que... parce qu'elle les aime.

CHAVIGNY

Oui, et moi aussi; et vous aussi, je crois. Il y en a une surtout; comment est-ce donc? Je l'ai oubliée... Comment dit-elle donc?

MATHILDE

Je ne sais pas si je m'en souviendrai. (*Elle se met au piano et joue.*)

CHAVIGNY

C'est cela même! C'est charmant, divin, et vous la jouez comme un ange, ou, pour mieux dire, comme une vraie valseuse.

MATHILDE

Est-ce aussi bien qu'elle, Henri?

CHAVIGNY

Qui, elle? M<sup>me</sup> de Blainville? Vous y tenez, à ce qu'il paraît.

MATHILDE

Oh! pas beaucoup. Si j'étais homme, ce n'est pas elle qui me tournerait la tête.

CHAVIGNY

Et vous auriez raison, madame. Il ne faut jamais qu'un homme se laisse tourner la tête, ni par une femme ni par une valse.

MATHILDE

Comptez-vous jouer ce soir, mon ami?

CHAVIGNY

Eh! ma chère, quelle idée avez-vous? On joue, mais on ne compte pas jouer.

MATHILDE

Avez-vous de l'or dans vos poches?

CHAVIGNY

Peut-être bien. Est-ce que vous en voulez?

MATHILDE

Moi, grand Dieu! que voulez-vous que j'en fasse?

CHAVIGNY

Pourquoi pas? Si j'ouvre votre porte trop vite, je n'ouvre pas du moins vos tiroirs, et c'est peut-être un double tort que j'ai.

MATHILDE

Vous mentez, monsieur, il n'y a pas long-temps que je me suis aperçue que vous les aviez ouverts, et vous me laissez beaucoup trop riche.

CHAVIGNY

Non pas, ma chère, tant qu'il y aura des pauvres. Je sais quel usage vous faites de votre fortune, et je vous demande de me permettre de faire la charité par vos mains.

MATHILDE

Cher Henri! que tu es noble et bon! Dis-moi un peu, te souviens-tu d'un jour où tu avais une petite dette à payer, et où tu te plaignais de n'avoir pas de bourse?

**CHAVIGNY**

Quand donc? Ah! c'est juste. Le fait est que, quand on sort, c'est une chose insupportable de se fier à des poches qui ne tiennent à rien...

**MATHILDE**

Aimerais-tu une bourse rouge avec un filet noir?

**CHAVIGNY**

Non, je n'aime pas le rouge. Parbleu! tu me fais penser que j'ai justement là une bourse toute neuve d'hier; c'est un cadeau. Qu'en pensez-vous? (*Il tire une bourse de sa poche.*) Est-ce de bon goût?

**MATHILDE**

Voyons; voulez-vous me la montrer?

**CHAVIGNY**

Tenez. (*Il la lui donne; elle la regarde, puis la lui rend.*)

**MATHILDE**

C'est très joli. De quelle couleur est-elle?

**CHAVIGNY,** *riant.*

De quelle couleur? La question est excellente.

**MATHILDE**

Je me trompe... Je veux dire... Qui est-ce qui vous l'a donnée?

**CHAVIGNY**

Ah! c'est trop plaisant! sur mon honneur! vos distractions sont adorables.

**UN DOMESTIQUE,** *annonçant.*

Madame de Léry!

**MATHILDE**

J'ai défendu ma porte en bas.

CHAVIGNY

Non, non, qu'elle entre. Pourquoi ne pas recevoir ?

MATHILDE

Eh bien ! enfin, monsieur, cette bourse, peut-on savoir le nom de l'auteur ?

## SCÈNE III

### MATHILDE, CHAVIGNY,
### MADAME DE LÉRY, en *toilette de bal.*

CHAVIGNY

Venez, madame, venez, je vous en prie ; on n'arrive pas plus à propos. Mathilde vient de me faire une étourderie qui, en en vérité, vaut son pesant d'or. Figurez-vous que je lui montre cette bourse...

MADAME DE LÉRY

Tiens ! c'est assez gentil. Voyons donc.

CHAVIGNY

Je lui montre cette bourse ; elle la regarde, la tâte, la retourne, et, en me la rendant, savez vous ce qu'elle me dit ? Elle me demande de quelle couleur elle est !

MADAME DE LÉRY

Eh bien ! elle est bleue.

CHAVIGNY

Eh oui ! elle est bleue... c'est bien certain... et c'est précisément le plaisant de l'affaire... Imaginez-vous qu'on le demande ?

MADAME DE LÉRY

C'est parfait. Bonsoir, chère Mathilde ; venez-vous ce soir à l'ambassade ?

MATHILDE

Non, je compte rester.

CHAVIGNY

Mais vous ne riez pas de mon histoire?

MADAME DE LÉRY

Mais si. Et qui est-ce qui a fait cette bourse? Ah! je la reconnais, c'est M^me de Blainville. Comment! vraiment vous ne bougez pas?

CHAVIGNY, *brusquement.*

A quoi la reconnaissez-vous, s'il vous plaît?

MADAME DE LÉRY

A ce qu'elle est bleue, justement. Je l'ai vue traîner pendant des siècles; on a mis sept ans à la faire, et vous jugez si pendant ce temps-là elle a changé de destination. Elle a appartenu en idée à trois personnes de ma connaissance. C'est un trésor que vous avez là, monsieur de Chavigny; c'est un vrai héritage que vous avez fait.

CHAVIGNY

On dirait qu'il n'y a qu'une bourse au monde.

MADAME DE LÉRY

Non, mais il n'y a qu'une bourse bleue. D'abord, moi, le bleu m'est odieux; ça ne veut rien dire, c'est une couleur bête. Je ne peux pas me tromper sur une chose pareille; il suffit que je l'aie vue une fois. Autant j'adore le lilas, autant je déteste le bleu.

MATHILDE

C'est la couleur de la constance.

MADAME DE LÉRY

Bah! c'est la couleur des perruquiers. Je ne viens qu'en passant, vous voyez, je suis en grand uniforme; il faut arriver de bonne heure dans ce pays-là; c'est une cohue à se casser le cou. Pourquoi donc n'y venez-vous pas? Je n'y manquerais pas pour un monde.

### MATHILDE

Je n'y ai pas pensé, et il est trop tard à présent.

### MADAME DE LÉRY

Laissez donc, vous avez tout le temps. Tenez, chère, je vais sonner. Demandez une robe. Nous mettrons M. de Chavigny à la porte avec son petit meuble. Je vous coiffe, je vous pose deux brins de fleurettes, et je vous enlève dans ma voiture. Allons, voilà une affaire bâclée.

### MATHILDE

Pas pour ce soir; je reste, décidément.

### MADAME DE LÉRY

Décidément? est-ce un parti pris? Monsieur de Chavigny, emmenez donc Mathilde.

### CHAVIGNY, *sèchement.*

Je ne me mêle des affaires de personne.

### MADAME DE LÉRY

Oh! oh! vous aimez le bleu, à ce qu'il paraît. Eh bien! écoutez, savez-vous ce que je vais faire? Donnez-moi du thé, je vais rester ici.

### MATHILDE

Que vous êtes gentille, chère Ernestine! Non, je ne veux pas priver le bal de sa reine. Allez me faire un tour de valse, et revenez à onze heures, si vous y pensez; nous causerons seules au coin du feu, puisque M. de Chavigny nous abandonne.

### CHAVIGNY

Moi? pas du tout; je ne sais si je sortirai.

**MADAME DE LÉRY**

Eh bien ! c'est convenu, je vous quitte. A propos, vous savez mes malheurs : j'ai été volée comme dans un bois.

**MATHILDE**

Volée ! qu'est-ce que vous voulez dire ?

**MADAME DE LÉRY**

Quatre robes, ma chère, quatre amours de robes qui me venaient de Londres, perdues à la douane. Si vous les aviez vues, c'est à en pleurer ; il y en avait une perse et une puce ; on ne fera jamais rien de pareil.

**MATHILDE**

Je vous plains bien sincèrement. On vous les a donc confisquées ?

**MADAME DE LÉRY**

Pas du tout. Si ce n'était que cela, je crierais tant qu'on me les rendrait, car c'est un meurtre. Me voilà nue pour cet été. Imaginez qu'ils m'ont lardé mes robes ; ils ont fourré leur sonde je ne sais par où dans ma caisse ; ils m'ont fait des trous à y mettre un doigt. Voilà ce qu'on m'apporte hier à déjeuner.

**CHAVIGNY**

Il n'y en avait pas de bleue, par hasard ?

**MADAME DE LÉRY**

Non, monsieur, pas la moindre. Adieu, belle ; je ne fais qu'une apparition. J'en suis, je crois, à ma douzième grippe de l'hiver ; je vais attraper ma treizième. Aussitôt fait, j'accours, et me plonge dans vos fauteuils. Nous causerons douane, chiffons, pas vrai ? Non, je suis toute triste, nous ferons du sentiment. Enfin, n'importe ! Bonsoir, monsieur de l'azur... Si vous me reconduisez, je ne reviens pas. (*Elle sort.*)

## SCÈNE IV

### CHAVIGNY, MATHILDE

CHAVIGNY

Quel cerveau fêlé que cette femme? Vous choisissez bien vos amies.

MATHILDE

C'est vous qui avez voulu qu'elle montât.

CHAVIGNY

Je parierais que vous croyez que c'est M$^{me}$ de Blainville qui a fait ma bourse.

MATHILDE

Non, puisque vous me dites le contraire.

CHAVIGNY

Je suis sûr que vous le croyez.

MATHILDE

Et pourquoi en êtes-vous sûr?

CHAVIGNY

Parce que je connais votre caractère : M$^{me}$ de Léry est votre oracle; c'est une idée qui n'a pas le sens commun.

MATHILDE

Voilà un beau compliment que je ne mérite guère.

CHAVIGNY

Oh! mon Dieu, si; et j'aimerais tout autant vous voir franche là-dessus que dissimulée.

MATHILDE

Mais, si je ne le crois pas, je ne puis feindre de le croire pour vous paraître sincère.

CHAVIGNY

Je vous dis que vous le croyez ; c'est écrit
sur votre visage.

MATHILDE

S'il faut le dire pour vous satisfaire, eh
bien ! j'y consens ; je le crois.

CHAVIGNY

Vous le croyez? et, quand cela serait vrai,
quel mal y aurait-il?

MATHILDE

Aucun, et par cette raison je ne vois pas
pourquoi vous le nieriez.

CHAVIGNY

Je ne le nie pas ; c'est elle qui l'a faite.
(*Il se lève.*) Bonsoir : je reviendrai peut-être
tout à l'heure prendre le thé avec votre
amie.

MATHILDE

Henri, ne me quittez pas ainsi.

CHAVIGNY

Qu'appelez-vous *ainsi?* Sommes-nous fâ-
chés? Je ne vois là rien que de très simple :
on me fait une bourse, et je la porte ; vous
me demandez qui, et je vous le dis. Rien
ne ressemble moins à une querelle.

MATHILDE

Et, si je vous demandais cette bourse,
m'en feriez-vous le sacrifice?

CHAVIGNY

Peut-être ; à quoi vous servirait-elle ?

MATHILDE

Il n'importe ; je vous la demande.

CHAVIGNY

Ce n'est pas pour la porter, je suppose ?
Je veux savoir ce que vous en feriez.

MATHILDE

C'est pour la porter.

CHAVIGNY

Quelle plaisanterie! Vous porteriez une bourse faite par M<sup>me</sup> de Blainville?

MATHILDE

Pourquoi non? Vous la portez bien.

CHAVIGNY

La belle raison? Je ne suis pas femme.

MATHILDE

Eh bien! si je ne m'en sers pas, je la jetterai au feu.

CHAVIGNY

Ah! ah! vous voilà donc enfin sincère. Eh bien! très sincèrement aussi, je la garderai, si vous le permettez.

MATHILDE

Vous en êtes libre assurément; mais je vous avoue qu'il m'est cruel de penser que tout le monde sait qui vous l'a faite, et que vous allez la montrer partout.

CHAVIGNY

La montrer! Ne dirait-on pas que c'est un trophée!

MATHILDE

Écoutez-moi, je vous en prie, et laissez-moi votre main dans les miennes. (*Elle l'embrasse.*) M'aimez-vous, Henri? répondez.

CHAVIGNY

Je vous aime, et je vous écoute.

MATHILDE

Je vous jure que je ne suis pas jalouse; mais, si vous me donnez cette bourse de bonne amitié, je vous remercierai de tout mon cœur. C'est un petit échange que je vous propose, et je crois, j'espère du moins, que vous ne trouverez pas que vous y perdez.

CHAVIGNY

Voyons votre échange ; qu'est-ce que c'est ?

MATHILDE

Je vais vous le dire, si vous y tenez ; mais, si vous me donniez la bourse auparavant, sur parole, vous me rendriez bien heureuse.

CHAVIGNY

Je ne donne rien sur parole.

MATHILDE

Voyons, Henri, je vous en prie.

CHAVIGNY

Non.

MATHILDE

Eh bien ! je t'en supplie à genoux.

CHAVIGNY

Levez-vous, Mathilde, je vous en conjure à mon tour : vous savez que je n'aime pas ces manières-là. Je ne peux pas souffrir qu'on s'abaisse, et je le comprends moins ici que jamais. C'est trop insister sur un enfantillage ; si vous l'exigiez sérieusement, je jetterais cette bourse au feu moi-même, et je n'aurais que faire d'échange pour cela. Allons, levez-vous, et n'en parlons plus. Adieu ; à ce soir ; je reviendrai. (*Il sort.*)

## SCÈNE V

MATHILDE, *seule.*

Puisque ce n'est pas celle-là, ce sera donc l'autre que je brûlerai. (*Elle va à son secrétaire et en tire la bourse qu'elle a faite.*) Pauvre

petite, je te baisais tout à l'heure; et te
souviens-tu de ce que je te disais? Nous
arrivons trop tard, tu le vois. Il ne veut
pas de toi, et ne veut plus de moi. (*Elle
s'approche de la cheminée.*) Qu'on est folle
de faire des rêves! ils ne se réalisent
jamais. Pourquoi cet attrait, ce charme
invincible qui nous fait caresser une idée?
Pourquoi tant de plaisir à la suivre, à
l'exécuter en secret? A quoi bon tout
cela? A pleurer eusuite. Que demande
donc l'impitoyable hasard? Quelles précau-
tions, quelles prières faut-il donc pour
mener à bien le souhait le plus simple, la
plus chétive espérance? Vous avez bien dit,
monsieur le comte, j'insiste sur un enfantillage, mais il m'était doux d'y insister; et
vous, si fier ou si infidèle, il ne vous eût
pas coûté beaucoup de vous prêter à cet
enfantillage. Ah! il ne m'aime plus, il ne
m'aime plus. Il vous aime, M^me de Blainville! (*Elle pleure.*) Allons! il n'y faut plus
penser. Jetons au feu ce hochet d'enfant
qui n'a pas su arriver assez vite; si je le lui
avais donné ce soir, il l'aurait peut-être
perdu demain. Ah! sans nul doute, il l'aurait fait! il laisserait ma bourse traîner sur
sa table, je ne sais où, dans ses rebuts,
tandis que l'autre le suivra partout, tandis
qu'en jouant, à l'heure qu'il est, il la tire
avec orgueil; je le vois l'étaler sur le tapis,
et faire résonner l'or qu'elle renferme.
Malheureuse! je suis jalouse; il me manquait cela pour me faire haïr! (*Elle va jeter
sa bourse au feu, et s'arrête.*) Mais qu'as-tu
fait! Pourquoi te détruire, triste ouvrage
de mes mains? Il n'y a pas de ta faute; tu
attendais, tu espérais aussi! Tes fraîches
couleurs n'ont point pâli durant cet entre-
tien cruel; tu me plais, je sens que je

t'aime; dans ce petit réseau fragile, il y a quinze jours de ma vie; ah! non, non, la main qui t'a faite ne te tuera pas; je veux te conserver, je veux t'achever; tu seras pour moi une relique, je te porterai sur mon cœur; tu m'y feras en même temps du bien et du mal; tu me rappelleras mon amour pour lui, son oubli, ses caprices; et qui sait? cachée à cette place, il reviendra peut-être t'y chercher. (*Elle s'assoit et attache le gland qui manquait.*)

## SCÈNE VI

### MATHIDE, MADAME DE LÉRY

**MADAME DE LÉRY,** *derrière la scène.*

Personne nulle part! qu'est-ce que cela veut dire? on entre ici comme dans un moulin. (*Elle ouvre la porte et crie en riant.*) Madame de Léry! (*Elle entre. Mathilde se lève.*) Rebonsoir, chère; pas de domestiques chez vous; je cours partout pour trouver quelqu'un. Ah! je suis rompue! (*Elle s'assoit.*)

**MATHILDE**

Débarrassez-vous de vos fourrures.

**MADAME DE LÉRY**

Tout à l'heure; je suis gelée. Aimez-vous ce renard-là? on dit que c'est de la martre d'Ethiopie, je ne sais quoi; c'est M. de Léry qui me l'a apporté de Hollande. Moi, je trouve cela laid, franchement : je le porterai trois fois, par politesse, et puis je le donnerai à Ursule.

**MATHILDE**

Une femme de chambre ne peut pas mettre cela.

**MADAME DE LÉRY**

C'est vrai; je m'en ferai un petit tapis.

MATHILDE

Eh bien ! ce bal était-il beau ?

MADAME DE LÉRY

Ah ! mon Dieu, ce bal ! mais je n'en viens pas. Vous ne croiriez jamais ce qui m'arrive.

MATHILDE

Vous n'y êtes donc pas allée ?

MADAME DE LÉRY

Si fait, j'y suis allée, mais je n'y suis pas entrée. C'est à mourir de rire. Figurez-vous une queue... une queue... (*Elle éclate de rire.*) Ces choses-là vous font-elles peur, à vous ?

MATHILDE

Mais oui ; je n'aime pas les embarras de voitures.

MADAME DE LÉRY

C'est désolant quand on est seule. J'avais beau crier au cocher d'avancer, il ne bougeait pas ; j'étais d'une colère ! j'avais envie de monter sur le siège ; je vous réponds bien que j'aurais coupé leur queue. Mais c'est si bête d'être là, en toilette, vis-à-vis d'un carreau mouillé ; car, avec cela, il pleut à verse. Je me suis divertie une demi-heure à voir patauger les passants, puis j'ai dit de retourner. Voilà mon bal. — Ce feu me fait un plaisir ! je me sens renaître ! (*Elle ôte sa fourrure. Mathilde sonne, et un domestique entre.*)

MATHILDE

Le thé. (*Le domestique sort.*).

MADAME DE LÉRY

M. de Chavigny est donc parti ?

MATHILDE

Oui ; je pense qu'il va à ce bal, et il sera plus obstiné que vous.

MADAME DE LÉRY

Je crois qu'il ne m'aime guère, soit dit
entre nous.

MATHILDE

Vous vous trompez, je vous assure; il
m'a dit cent fois qu'à ses yeux vous étiez
une des plus jolies femmes de Paris.

MADAME DE LÉRY

Vraiment? c'est très poli de sa part; mais
je le mérite, car je le trouve fort bien.
Voulez-vous me prêter une épingle?

MATHILDE

Vous en avez à côté de vous.

MADAME DE LÉRY

Cette Palmire vous fait des robes, on ne
se sent pas des épaules; on croit toujours
que tout va tomber. Est-ce elle qui vous
fait ces manches-là?

MATHILDE

Oui.

MADAME DE LÉRY

Très jolies, très bien, très jolies. Décidément il n'y a que les manches plates;
mais j'ai été longtemps à m'y faire; et puis
je trouve qu'il ne faut pas être trop grasse
pour les porter, parce que sans cela on a
l'air d'une cigale, avec un gros corps et de
petites pattes.

MATHILDE

J'aime assez la comparaison. (On apporte
le thé.)

MADAME DE LÉRY

N'est-ce pas? Regardez M^{lle} Saint-Ange.
Il ne faut pourtant pas être trop maigre
non plus, parce qu'alors il ne reste plus

rien. On se récrie sur la marquise d'Ermont;
moi, je trouve qu'elle a l'air d'une potence.
C'est une belle tête, si vous voulez, mais
c'est une madone au bout d'un bâton.

MATHILDE, *riant.*

Voulez-vous que je vous serve, ma chère?

MADAME DE LÉRY

Rien que de l'eau chaude, avec un soup-
çon de thé et un nuage de lait.

MATHILDE, *versant le thé.*

Allez-vous demain chez M^me d'Égly? Je
vous prendrai, si vous voulez.

MADAME DE LÉRY

Ah! M^me d'Égly! en voilà une autre! avec
sa frisure et ses jambes, elle, me fait l'effet
de ces grands balais pour épousseter les
araignées. (*Elle boit*) Mais, certainement,
j'irai demain. Non, je ne peux pas; je vais
au concert.

MATHILDE

Il est vrai qu'elle est un peu drôle.

MADAME DE LÉRY

Regardez-moi donc, je vous en prie.

MATHILDE

Pourquoi?

MADAME DE LÉRY

Regardez-moi en face, là, franchement.

MATHILDE

Que me trouvez-vous d'extraordinaire?

MADAME DE LÉRY

Eh! certainement, vous avez les yeux
rouges, vous venez de pleurer, c'est clair
comme le jour. Qu'est-ce qui se passe donc,
ma chère Mathilde?

**MATHILDE**

Rien, je vous jure. Que voulez-vous qu'il se passe ?

**MADAME DE LÉRY**

Je n'en sais rien, mais vous venez de pleurer ; je vous dérange, je m'en vais.

**MATHILDE**

Au contraire, chère ; je vous supplie de rester.

**MADAME DE LÉRY**

Est-ce bien franc ? Je reste, si vous voulez ; mais vous me direz vos peines. (*Mathilde secoue la tête.*) Non ? Alors je m'en vais, car vous comprenez que du moment que je ne suis bonne à rien, je ne peux que nuire involontairement.

**MATHILDE**

Restez, votre présence m'est précieuse, votre esprit m'amuse, et, s'il était vrai que j'eusse quelque souci, votre gaieté le chasserait.

**MADAME DE LÉRY**

Tenez, je vous aime. Vous me croyez peut-être légère ; personne n'est si sérieux que moi pour les choses sérieuses. Je ne comprends pas qu'on joue avec le cœur, et c'est pour cela que j'ai l'air d'en manquer. Je sais ce que c'est que de souffrir, on me l'a appris bien jeune encore. Je sais aussi ce que c'est que de dire ses chagrins. Si ce qui vous afflige peut se confier, parlez hardiment : ce n'est pas la curiosité qui me pousse.

**MATHILDE**

Je vous crois bonne, et surtout très sincère ; mais dispensez-moi de vous obéir.

**MADAME DE LÉRY**

Ah, mon Dieu ! j'y suis ! c'est la bourse

bleue. J'ai fait une sottise affreuse en nom-
mant Mᵐᵉ de Blainville. J'y ai pensé en vous
quittant; est-ce que M. de Chavigny lui fait
la cour? (*Mathilde se lève, ne pouvant répondre, se détourne et porte son mouchoir à ses
yeux.*)

### MATHILDE

Est-il possible? (*Un long silence. Mathilde
se promène quelque temps, puis va s'asseoir à
l'autre bout de la chambre. Mᵐᵉ de Léry semble
réfléchir. Elle se lève et s'approche de Mathilde;
celle-ci lui tend la main.*)

### MADAME DE LÉRY

Vous savez, ma chère, que les dentistes
vous disent de crier quand ils vous font
mal. Moi, je vous dis : « Pleurez! pleurez! »
Douces ou amères, les larmes soulagent
toujours.

### MATHILDE

Ah! mon Dieu!

### MADAME DE LÉRY

Mais c'est incroyable, une chose pareille!
on ne peut pas aimer Mᵐᵉ de Blainville;
c'est une coquette à moitié perdue, qui n'a
ni esprit ni beauté. Elle ne vaut pas votre
petit doigt; on ne quitte pas un ange pour
un diable.

### MATHILDE, *sanglotant.*

Je suis sûre qu'il l'aime, j'en suis sûre.

### MADAME DE LÉRY

Non, mon enfant, ça ne se peut pas; c'est
un caprice, une fantaisie. Je connais M. de
Chavigny plus qu'il ne pense; il est mé-
chant, mais il n'est pas mauvais. Il aura
agi par boutade; avez-vous pleuré devant lui?

### MATHILDE

Oh! non, jamais!

MADAME DE LÉRY

Vous avez bien fait ; il ne m'étonnerait pas qu'il en fût bien aise.

MATHILDE

Bien aise ? bien aise de me voir pleurer ?

MADAME DE LÉRY

Eh ! mon Dieu, oui. J'ai vingt-cinq ans d'hier, mais je sais ce qui en est sur bien des choses. Comment tout cela est-il venu ?

MATHILDE

Mais... je ne sais...

MADAME DE LÉRY

Parlez. Avez-vous peur de moi ? je vais vous rassurer tout de suite ; si, pour vous mettre à votre aise, il faut m'engager de mon côté, je vais vous prouver que j'ai confiance en vous et vous forcer à l'avoir en moi ; est-ce nécessaire ? je le ferai. Qu'est-ce qu'il vous plaît de savoir sur mon compte ?

MATHILDE

Vous êtes ma meilleure amie ; je vous dirai tout, je me fie à vous. Il ne s'agit de rien de bien grave ; mais j'ai une folle tête qui m'entraîne. J'avais fait à M. de Chavigny une petite bourse en cachette que je comptais lui offrir aujourd'hui ; depuis quinze jours, je le vois à peine ; il passe ses journées chez Mme de Blainville. Lui offrir ce petit cadeau, c'était lui faire un doux reproche de son absence et lui montrer qu'il me laissait seule. Au moment où j'allais lui donner ma bourse, il a tiré l'autre.

MADAME DE LÉRY

Il n'y a pas là de quoi pleurer.

**MATHILDE**

Oh! si! il y a de quoi pleurer, car j'ai fait une grande folie; je lui ai demandé l'autre bourse.

**MADAME DE LÉRY**

Aïe! ce n'est pas diplomatique.

**MATHILDE**

Non, Ernestine, et il m'a refusé... Et alors... Ah! j'ai honte...

**MADAME DE LÉRY**

Eh bien?

**MATHILDE**

Eh bien! je l'ai demandée à genoux. Je voulais qu'il me fît ce petit sacrifice, et je lui aurais donné ma bourse en échange de la sienne. Je l'ai prié... je l'ai supplié...

**MADAME DE LÉRY**

Et il n'en a rien fait; cela va sans dire! Pauvre innocente! il n'est pas digne de vous.

**MATHILDE**

Ah! malgré tout, je ne le croirai jamais!

**MADAME DE LÉRY**

Vous avez raison, je m'exprime mal. Il est digne de vous et vous aime, mais il est homme, et orgueilleux. Quelle pitié! Et où donc est votre bourse?

**MATHILDE**

La voilà, ici, sur la table.

**MADAME DE LÉRY,** *prenant la bourse.*

Cette bourse-là? Eh bien! ma chère, elle est quatre fois plus jolie que la sienne. D'abord elle n'est pas bleue, ensuite elle est charmante. Prêtez-la-moi, je me charge bien de la lui faire trouver de son goût.

MATHILDE

Tâchez. Vous me rendrez la vie.

MADAME DE LÉRY

En être là après un an de mariage, c'est inouï. Il faut qu'il y ait de la sorcellerie là-dedans. Cette Blainville, avec son indigo, je la déteste des pieds à la tête. Elle a les yeux battus jusqu'au menton. Mathilde, voulez-vous faire une chose? Il ne nous en coûte rien d'essayer. Votre mari viendra-t-il ce soir?

MATHILDE

Je n'en sais rien, mais il me l'a dit.

MADAME DE LÉRY

Comment étiez-vous quand il est sorti?

MATHILDE

Ah! j'étais bien triste, et lui bien sévère.

MADAME DE LÉRY

Il viendra. Avez-vous du courage? Quand j'ai une idée, je vous en avertis, il faut que je la saisisse au vol; je me connais, je réussirai.

MATHILDE

Ordonnez donc, je me soumets.

MADAME DE LÉRY

Passez dans ce cabinet, habillez-vous à la hâte et jetez-vous dans ma voiture. Je ne veux pas vous envoyer au bal, mais il faut qu'en rentrant vous ayez l'air d'y être allée. Vous vous ferez mener où vous voudrez, aux Invalides ou à la Bastille; ce ne sera peut-être pas très divertissant, mais vous serez aussi bien là qu'ici pour ne pas dormir. Est-ce convenu? Maintenant prenez votre bourse, et enveloppez-la dans ce papier, je

vais mettre l'adresse. Bien, voilà qui est
fait. Au coin de la rue, vous ferez arrêter ;
vous direz à mon groom d'apporter ici ce
petit paquet, de le remettre au premier domestique qu'il rencontrera, et de s'en aller
sans autre explication.

MATHILDE

Dites-moi du moins ce que vous voulez
faire.

MADAME DE LÉRY

Ce que je veux faire, enfant, est impossible à dire, et je vais voir si c'est possible
à faire. Une fois pour toutes, vous fiez-vous
à moi ?

MATHILDE

Oui, tout au monde pour l'amour de lui.

MADAME DE LÉRY

Allons, preste ! Voilà une voiture.

MATHILDE

C'est lui ; j'entends sa voix dans la cour.

MADAME DE LÉRY

Sauvez-vous ! Y a-t-il un escalier dérobé
par là ?

MATHILDE

Oui, heureusement. Mais je ne suis pas
coiffée, comment croira-t-on à ce bal ?

MADAME DE LÉRY, *ôtant la guirlande qu'elle a sur
la tête et la donnant à Mathilde.*

Tenez, vous arrangerez cela en route.
(*Mathilde sort.*)

## SCÈNE VII

### MADAME DE LÉRY, *seule.*

A genoux ! une telle femme à genoux ! Et
ce monsieur-là qui la refuse ! une femme de

vingt ans, belle comme un ange et fidèle
comme un lévrier ! Pauvre enfant, qui demande en grâce qu'on daigne accepter une
bourse faite par elle, en échange d'un cadeau de M^me de Blainville ! Mais quel abîme
est donc le cœur de l'homme ! Ah, ma foi !
nous valons mieux qu'eux. (*Elle s'assoit et
prend une brochure sur la table. Un instant
après, on frappe à la porte.*) Entrez.

## SCÈNE VIII

### MADAME DE LÉRY, CHAVIGNY

MADAME DE LÉRY, *lisant d'un air distrait.*

Bonsoir, comte. Voulez-vous du thé ?

CHAVIGNY

Je vous rends grâces, je n'en prends
jamais. (*Il s'assoit et regarde autour de lui.*)

MADAME DE LÉRY

Etait-il amusant, ce bal ?

CHAVIGNY

Comment cela ? N'y étiez-vous pas ?

MADAME DE LÉRY

Voilà une question qui n'est pas galante.
Non, je n'y étais pas ; mais j'y ai envoyé
Mathilde, que vos regards semblent cher-
cher.

CHAVIGNY

Vous plaisantez, à ce que je vois ?

MADAME DE LÉRY

Plaît-il ? je vous demande pardon, je tiens
un article d'une *Revue* qui m'intéresse beaucoup. (*Un silence. Chavigny, inquiet, se lève et
se promène.*)

CHAVIGNY

Est-ce que vraiment Mathilde est à ce bal ?

MADAME DE LÉRY

Mais oui; vous voyez que je l'attends.

CHAVIGNY

C'est singulier; elle ne voulait pas sortir lorsque vous le lui avez proposé.

MADAME DE LÉRY

Apparemment qu'elle a changé d'idée.

CHAVIGNY

Pourquoi n'y est-elle pas allée avec vous?

MADAME DE LÉRY

Parce que je ne m'en suis plus souciée.

CHAVIGNY

Elle s'est donc passée de voiture?

MADAME DE LÉRY

Non, je lui ai prêté la mienne. Avez-vous lu ça, monsieur de Chavigny?

CHAVIGNY

Quoi?

MADAME DE LÉRY

C'est la *Revue des Deux-Mondes*; un article très joli de M^me Sand sur les orangs-outangs.

CHAVIGNY

Sur les?...

MADAME DE LÉRY

Sur les orangs-outangs. Ah! je me trompe, ce n'est pas d'elle, c'est celui d'à côté; c'est très amusant.

CHAVIGNY

Je ne comprends rien à cette idée d'aller au bal sans m'en prévenir. J'aurais pu du moins la ramener.

MADAME DE LÉRY

Aimez-vous les romans de M^me Sand?

CHAVIGNY

Non, pas du tout. Mais, si elle y est, comment se fait-il que je ne l'aie pas trouvée ?

MADAME DE LÉRY

Quoi ? la *Revue ?* Elle était là-dessus.

CHAVIGNY

Vous moquez-vous de moi, madame ?

MADAME DE LÉRY

Peut-être ; c'est selon à propos de quoi.

CHAVIGNY

C'est de ma femme que je vous parle.

MADAME DE LÉRY

Est-ce que vous me l'avez donnée à garder ?

CHAVIGNY

Vous avez raison ; je suis très ridicule ; je vais de ce pas la chercher.

MADAME DE LÉRY

Bah ! vous allez tomber dans' la queue.

CHAVIGNY

C'est vrai ; je ferai aussi bien d'attendre, et j'attendrai. (*Il s'approche du feu et s'assoit.*)

MADAME DE LÉRY, *quittant sa lecture.*

Savez-vous, monsieur de Chavigny, que vous m'étonnez beaucoup ? Je croyais vous avoir entendu dire que vous laissiez Mathilde parfaitement libre, et qu'elle allait où bon lui semblait.

CHAVIGNY

Certainement ; vous en voyez la preuve.

MADAME DE LÉRY

Pas tant ; vous avez l'air furieux.

CHAVIGNY

Moi? par exemple! pas le moins du monde.

MADAME DE LÉRY

Vous ne tenez pas sur votre fauteuil. Je vous croyais un tout autre homme, je l'avoue; et, pour parler sérieusement, je n'aurais pas prêté ma voiture à Mathilde, si j'avais su ce qui en est.

CHAVIGNY

Mais je vous assure que je le trouve tout simple, et je vous remercie de l'avoir fait.

MADAME DE LÉRY

Non, non, vous ne me remerciez pas; je vous assure, moi, que vous êtes fâché. A vous dire vrai, je crois que, si elle est sortie, c'était un peu pour vous rejoindre.

CHAVIGNY

J'aime beaucoup cela! Que ne m'accompagnait-elle?

MADAME DE LÉRY

Eh oui! c'est ce que je lui ai dit. Mais voilà comme nous sommes, nous autres : nous ne voulons pas, et puis nous voulons. Décidément, vous ne prenez pas de thé?

CHAVIGNY

Non, il me fait mal.

MADAME DE LÉRY

Eh bien! donnez-m'en.

CHAVIGNY

Plaît-il, madame?

MADAME DE LÉRY

Donnez-m'en. (*Chavigny se lève et remplit une tasse qu'il offre à M*me *de Léry.*)

MADAME DE LÉRY

C'est bon; mettez ça là. Avons-nous un
ministère ce soir?

CHAVIGNY

Je n'en sais rien.

MADAME DE LÉRY

Ce sont de drôles d'auberges que ces mi-
nistères. On y entre et on en sort sans
savoir pourquoi; c'est une procession de
marionnettes.

CHAVIGNY

Prenez donc ce thé à votre tour; il est
déjà à moitié froid.

MADAME DE LÉRY

Vous n'y avez pas mis assez de sucre.
Mettez-m'en un ou deux morceaux.

CHAVIGNY

Comme vous voudrez; il ne vaudra rien.

MADAME DE LÉRY

Bien; maintenant, encore un peu de lait.

CHAVIGNY

Êtes-vous satisfaite?

MADAME DE LÉRY

Une goutte d'eau chaude à présent. Est-ce
fait? Donnez-moi la tasse.

CHAVIGNY, *lui présentant la tasse.*

La voilà; mais il ne vaudra rien.

MADAME DE LÉRY

Vous croyez? En êtes-vous sûr?

CHAVIGNY

Il n'y a pas le moindre doute.

MADAME DE LÉRY

Et pourquoi ne vaudrait-il rien?

CHAVIGNY

Parce qu'il est froid et trop sucré.

MADAME DE LÉRY

Eh bien! s'il ne vaut rien, ce thé, jetez-le. (*Chavigny est debout, tenant la tasse; M^{me} de Léry le regarde en riant.*) Ah, mon Dieu! que vous m'amusez! Je n'ai jamais rien vu de si maussade.

CHAVIGNY, *impatienté, vide la tasse dans le feu, puis il se promène à grands pas, et dit avec humeur :*

Ma foi, c'est vrai, je ne suis qu'un sot.

MADAME DE LÉRY

Je ne vous avais jamais vu jaloux, mais vous l'êtes comme un Othello.

CHAVIGNY

Pas le moins du monde; je ne peux pas souffrir qu'on se gêne, ni qu'on gêne les autres en rien. Comment voulez-vous que je sois jaloux?

MADAME DE LÉRY

Par amour-propre, comme tous les maris.

CHAVIGNY

Bah! propos de femme. On dit : « Jaloux par amour-propre », parce que c'est une phrase toute faite, comme on dit : « Votre très humble serviteur ». Le monde est bien sévère pour ces pauvres maris.

MADAME DE LÉRY

Pas tant que pour ces pauvres femmes.

CHAVIGNY

Oh! mon Dieu, si! Tout est relatif. Peut-on

permettre aux femmes de vivre sur le même pied que nous? C'est une absurdité qui saute aux yeux. Il y a mille choses très graves pour elles, qui n'ont aucune importance pour un homme.

### MADAME DE LÉRY

Oui, les caprices, par exemple.

### CHAVIGNY

Pourquoi pas? Eh bien! oui, les caprices. Il est certain qu'un homme peut en avoir, et qu'une femme...

### MADAME DE LÉRY

En a quelquefois. Est-ce que vous croyez qu'une robe est un talisman qui en préserve?

### CHAVIGNY

C'est une barrière qui doit les arrêter.

### MADAME DE LÉRY

A moins que ce ne soit un voile qui les couvre. J'entends marcher. C'est Mathilde qui rentre.

### CHAVIGNY

Oh! que non; il n'est pas minuit. (*Un domestique entre, et remet un petit paquet à M. de Chavigny.*) Qu'est-ce que c'est? Que me veut-on?

### LE DOMESTIQUE

On vient d'apporter cela pour monsieur le comte. (*Il sort. Chavigny défait le paquet, qui renferme la bourse de Mathilde.*)

### MADAME DE LÉRY

Est-ce encore un cadeau qui vous arrive? A cette heure-ci, c'est un peu fort.

### CHAVIGNY

Que diable est-ce que ça veut dire? Hé!

François, hé! qui est-ce qui a apporté ce paquet?

LE DOMESTIQUE, *rentrant.*

Monsieur?

CHAVIGNY

Qui est-ce qui a apporté ce paquet?

LE DOMESTIQUE

Monsieur, c'est le portier qui vient de monter.

CHAVIGNY

Il n'y a rien avec? pas de lettre?

LE DOMESTIQUE

Non, monsieur.

CHAVIGNY

Est-ce qu'il avait ça depuis longtemps, ce portier?

LE DOMESTIQUE

Non, monsieur; on vient de le lui remettre.

CHAVIGNY

Qui le lui a remis?

LE DOMESTIQUE

Monsieur, il ne sait pas.

CHAVIGNY

Il ne sait pas! Perdez-vous la tête? Est-ce un homme ou une femme?

LE DOMESTIQUE

C'est un domestique en livrée, mais il ne le connaît pas.

CHAVIGNY

Est-ce qu'il est en bas, ce domestique?

LE DOMESTIQUE

Non, monsieur : il est parti sur-le-champ.

CHAVIGNY

Il n'a rien dit?

LE DOMESTIQUE

Non, monsieur.

CHAVIGNY

C'est bon. (*Le domestique sort.*)

MADAME DE LÉRY

J'espère qu'on vous gâte, monsieur de Chavigny. Si vous laissez tomber votre argent, ce ne sera pas la faute de ces dames.

CHAVIGNY

Je veux être pendu si j'y comprends rien.

MADAME DE LÉRY

Laissez donc! vous faites l'enfant.

CHAVIGNY

Non; je vous donne ma parole d'honneur que je ne devine pas. Ce ne peut être qu'une méprise.

MADAME DE LÉRY

Est-ce que l'adresse n'est pas dessus?

CHAVIGNY

Ma foi! si! vous avez raison. C'est singulier; je connais l'écriture.

MADAME DE LÉRY

Peut-on voir?

CHAVIGNY

C'est peut-être une indiscrétion à moi de vous la montrer; mais tant pis pour qui s'y expose. Tenez. J'ai certainement vu cette écriture-là quelque part.

MADAME DE LÉRY

Et moi aussi, très certainement.

CHAVIGNY

Attendez-donc... Non, je me trompe.
Est-ce en bâtarde ou en coulée?

MADAME DE LÉRY

Fi donc! c'est une anglaise pur sang,
Regardez-moi comme ces lettres-là sont
fines! Oh! la dame est bien élevée.

CHAVIGNY

Vous avez l'air de la reconnaître.

MADAME DE LÉRY, *avec une confusion feinte.*

Moi! pas du tout. (*Chavigny, étonné, la
regarde, puis continue à se promener.*) Où en
étions-nous donc de notre conversation? —
Eh! mais il me semble que nous parlions
caprice. Ce petit poulet rouge arrive à
propos.

CHAVIGNY

Vous êtes dans le secret, convenez-en.

MADAME DE LÉRY

Il y a des gens qui ne savent rien faire
si j'étais de vous, j'aurais déjà deviné.

CHAVIGNY

Voyons! soyez franche; dites-moi qui
c'est.

MADAME DE LÉRY

Je croirais assez que c'est M^{me} de Blainville.

CHAVIGNY

Vous êtes impitoyable, madame; savez-
vous bien que nous nous brouillerons!

MADAME DE LÉRY

Je l'espère bien, mais pas cette fois-ci.

CHAVIGNY

Vous ne voulez pas m'aider à trouver
l'énigme?

MADAME DE LÉRY

Belle occupation ! Laissez donc cela ; on dirait que vous n'y êtes pas fait. Vous ruminerez lorsque vous serez couché, quant ce ne serait que par politesse.

CHAVIGNY

Il n'y a donc plus de thé ? J'ai envie d'en prendre.

MADAME DE LÉRY

Je vais vous en faire ; dites donc que je ne suis pas bonne ! (*Un silence.*)

CHAVIGNY, *se promenant toujours.*

Plus je cherche, moins je trouve.

MADAME DE LÉRY

Ah çà ! dites donc, est-ce un parti pris de ne penser qu'à cette bourse ? Je vais vous laisser à vos rêveries.

CHAVIGNY

C'est qu'en vérité je tombe des nues.

MADAME DE LÉRY

Je vous dis que c'est M^me de Blainville. Elle a réfléchi sur la couleur de sa bourse, et elle vous en envoie une autre par repentir. Ou mieux encore : elle veut vous tenter, et voir si vous porterez celle-ci ou la sienne.

CHAVIGNY

Je porterai celle-ci sans aucun doute. C'est le seul moyen de savoir qui l'a faite.

MADAME DE LÉRY

Je ne comprends pas ; c'est trop profond pour moi.

CHAVIGNY

Je suppose que la personne qui me l'a

envoyée me la voie demain entre les mains ;
croyez-vous que je m'y tromperais ?

MADAME DE LÉRY, *éclatant de rire.*

Ah ! c'est trop fort ; je n'y tiens pas.

CHAVIGNY

Est-ce que ce serait vous, par hasard ?
(*Un silence.*)

MADAME DE LÉRY

Voilà votre thé, fait de ma blanche main,
et il sera meilleur que celui que vous
m'avez fabriqué tout à l'heure. Mais finissez
donc de me regarder. Est-ce que vous me
prenez pour une lettre anonyme ?

CHAVIGNY

C'est vous, c'est quelque plaisanterie. Il y
a un complot là-dessous.

MADAME DE LÉRY

C'est un petit complot assez bien tricoté.

CHAVIGNY

Avouez donc que vous en êtes.

MADAME DE LÉRY

Non.

CHAVIGNY

Je vous en prie.

MADAME DE LÉRY

Pas davantage.

CHAVIGNY

Je vous en supplie.

MADAME DE LÉRY

Demandez-le à genoux, je vous le dirai.

CHAVIGNY

A genoux ? tant que vous voudrez.

MADAME DE LÉRY

Allons! Voyons!

CHAVIGNY

Sérieusement? (*Il se met à genoux en riant devant M*^me *de Léry.*)

MADAME DE LÉRY, *sèchement.*

J'aime cette posture, elle vous va à merveille; mais je vous conseille de vous relever, afin de ne pas trop m'attendrir.

CHAVIGNY, *se relevant.*

Ainsi, vous ne direz rien, n'est-ce pas ?

MADAME DE LÉRY

Avez-vous là votre bourse bleue ?

CHAVIGNY

Je n'en sais rien, je crois que oui.

MADAME DE LÉRY

Je crois que oui aussi. Donnez-la-moi, je vous dirai qui a fait l'autre.

CHAVIGNY

Vous le savez donc ?

MADAME DE LÉRY

Oui, je le sais.

CHAVIGNY

Est-ce une femme ?

MADAME DE LÉRY

A moins que ce ne soit un homme, je ne vois pas...

CHAVIGNY

Je veux dire : est-ce une jolie femme?

MADAME DE LÉRY

C'est une femme qui, à vos yeux, passe pour une des plus jolies femmes de Paris.

CHAVIGNY

Brune ou blonde?

MADAME DE LÉRY

Bleue.

CHAVIGNY

Par quelle lettre commence son nom?

MADAME DE LÉRY

Vous ne voulez pas de mon marché?
Donnez-moi la bourse de M^me de Blainville.

CHAVIGNY

Est-elle petite ou grande?

MADAME DE LÉRY

Donnez-moi la bourse.

CHAVIGNY

Dites-moi seulement si elle a le pied petit.

MADAME DE LÉRY

La bourse ou la vie !

CHAVIGNY

Me direz-vous le nom si je vous donne
la bourse ?

MADAME DE LÉRY

Oui.

CHAVIGNY, *tirant la bourse bleue.*

Votre parole d'honneur !

MADAME DE LÉRY

Ma parole d'honneur.

(*Chavigny semble hésiter, Mme de Léry tend la
main ; il la regarde attentivement. Tout à coup
il s'assoit à côté d'elle, et dit gaiement :*)

CHAVIGNY

Parlons caprice Vous convenez donc
qu'une femme peut en avoir ?

MADAME DE LÉRY

Est-ce que vous en êtes à le demander ?

CHAVIGNY

Pas tout à fait ; mais il peut arriver qu'un homme marié ait deux façons de parler, et, jusqu'à un certain point, deux façons d'agir.

MADAME DE LÉRY

Eh bien ! et ce marché, est-ce qu'il s'envole ? je croyais qu'il était conclu.

CHAVIGNY

Un homme marié n'en reste pas moins un homme ; la bénédiction ne le métamorphose pas, mais elle l'oblige quelquefois à prendre un rôle et à en donner les répliques. Il ne s'agit que de savoir, dans ce monde, à qui les gens s'adressent quand ils vous parlent, si c'est au réel ou au convenu, à la personne ou au personnage.

MADAME DE LÉRY

J'entends, c'est un choix qu'on peut faire ; mais où s'y reconnaît le public ?

CHAVIGNY

Je ne crois pas que, pour un public d'esprit, ce soit long ni bien difficile.

MADAME DE LÉRY

Vous renoncez donc à ce fameux nom ? Allons ! voyons ! donnez-moi cette bourse.

CHAVIGNY

Une femme d'esprit, par exemple (une femme d'esprit sait tant de choses !), ne doit pas se tromper, à ce que je crois, sur le vrai caractère des gens ; elle doit bien voir au premier coup d'œil...

MADAME DE LÉRY

Décidément, vous gardez la bourse?

CHAVIGNY

Il me semble que vous y tenez beaucoup. Une femme d'esprit, n'est-il pas vrai, madame, doit savoir faire la part du mari, et celle de l'homme par conséquent. Comment êtes-vous donc coiffée? Vous étiez tout en fleurs ce matin.

MADAME DE LÉRY

Oui; ça me gênait, je me suis mise à mon aise. Ah! mon Dieu! mes cheveux sont défaits d'un côté. (*Elle se lève et s'ajuste devant la glace.*)

CHAVIGNY

Vous avez la plus jolie taille qu'on puisse voir. Une femme d'esprit comme vous...

MADAME DE LÉRY

Une femme d'esprit comme moi se donne au diable quand elle a affaire à un homme d'esprit comme vous.

CHAVIGNY

Qu'à cela ne tienne; je suis assez bon diable.

MADAME DE LÉRY

Pas pour moi, du moins, à ce que je pense.

CHAVIGNY

C'est qu'apparemment quelque autre me fait du tort.

MADAME DE LÉRY

Qu'est-ce que ce propos-là veut dire?

CHAVIGNY

Il veut dire que, si je vous déplais, c'est que quelqu'un m'empêche de vous plaire.

MADAME DE LÉRY

C'est modeste et poli ; mais vous vous trompez : personne ne me plaît, et je ne veux plaire à personne.

CHAVIGNY

Avec votre âge et ces yeux-là, je vous en défie.

MADAME DE LÉRY

C'est cependant la vérité pure.

CHAVIGNY

Si je le croyais, vous me donneriez bien mauvaise opinion des hommes.

MADAME DE LÉRY

Je vous le ferai croire bien aisément. J'ai une vanité qui ne veut pas de maître.

CHAVIGNY

Ne peut-elle souffrir un serviteur ?

MADAME DE LÉRY

Bah ! serviteurs ou maîtres, vous n'êtes que des tyrans.

CHAVIGNY, *se levant.*

C'est assez vrai, et je vous avoue que là-dessus j'ai toujours détesté la conduite des hommes. Je ne sais d'où leur vient cette manie de s'imposer, qui ne sert qu'à se faire haïr.

MADAME DE LÉRY

Est-ce votre opinion sincère ?

CHAVIGNY

Très sincère ; je ne conçois pas comment on peut se figurer que, parce qu'on a plu ce soir, on est en droit d'en abuser demain.

### MADAME DE LÉRY

C'est pourtant le chapitre premier de l'histoire universelle.

### CHAVIGNY

Oui, et, si les hommes avaient le sens commun là-dessus, les femmes ne seraient pas si prudentes.

### MADAME DE LÉRY

C'est possible ; les liaisons d'aujourd'hui sont des mariages, et, quand il s'agit d'un jour de noce, cela vaut la peine d'y penser.

### CHAVIGNY

Vous avez mille fois raison ; et, dites-moi, pourquoi en est-il ainsi ? pourquoi tant de comédie et si peu de franchise ? Une jolie femme qui se fie à un galant homme ne saurait-elle le distinguer ? Il n'y a pas que des sots sur la terre.

### MADAME DE LÉRY

C'est une question en pareille circonstance.

### CHAVIGNY

Mais je suppose que, par hasard, il se trouve un homme qui, sur ce point, ne soit pas de l'avis des sois ; et je suppose qu'une occasion se présente où l'on puisse être franc sans danger, sans arrière-pensée, sans crainte des indiscrétions. (*Il lui prend la main.*) Je suppose qu'on dise à une femme : Nous sommes seuls, vous êtes jeune et belle, et je fais de votre esprit et de votre cœur tout le cas qu'on en doit faire. Mille obstacles nous séparent, mille chagrins nous attendent si nous essayons de nous revoir demain. Votre fierté ne veut pas d'un joug, et votre prudence ne veut pas d'un lien ; vous n'avez à redouter ni l'un ni l'autre. On ne vous demande ni protestation, ni engagement, ni sacrifice, rien qu'un sourire de ces lèvres de rose et un regard de ces beaux yeux. Souriez pendant que cette porte est fermée : votre liberté est sur le seuil ; vous la retrouverez en quittant cette chambre ; ce qui s'offre à vous n'est pas le plaisir sans amour, c'est l'amour sans peine et sans amertume ; c'est le caprice, puisque nous en parlons, non l'aveugle caprice des sens, mais celui du cœur, qu'un moment fait naître et dont le souvenir est éternel.

### MADAME DE LÉRY

Vous me parliez de comédie ; mais il paraît qu'à l'occasion vous en joueriez d'assez dangereuses. J'ai quelque envie d'avoir un caprice, avant de répondre à ce discours-là. Il me semble que c'en est l'instant, puisque vous en plaidez la thèse. Avez-vous là un jeu de cartes.

### CHAVIGNY

Oui, dans cette table ; qu'en voulez-vous faire?

### MADAME DE LÉRY

Donnez-le-moi, j'ai ma fantaisie, et vous êtes forcé d'obéir si vous ne voulez vous contredire. (*Elle prend une carte dans le jeu.*) Allons, comte, dites rouge ou noir.

### CHAVIGNY

Voulez-vous me dire quel est l'enjeu?

### MADAME DE LÉRY

L'enjeu est une discrétion (1).

---

(1) On appelle *discrétion* un pari dans lequel le perdant s'oblige à donner au gagnant ce que celui-ci lui demande, à sa discrétion. (*Note de l'auteur.*)

CHAVIGNY

Soit. — J'appelle rouge.

MADAME DE LÉRY

C'est le valet de pique ; vous avez perdu.
Donnez-moi cette bourse bleue.

CHAVIGNY

De tout mon cœur ; mais je garde la rouge,
et, quoique sa couleur m'ait fait perdre, je
ne le lui reprocherai jamais ; car je sais
aussi bien que vous quelle est la main qui
me l'a faite.

MADAME DE LÉRY

Est-elle petite ou grande, cette main ?

CHAVIGNY

Elle est charmante et douce comme le
satin.

MADAME DE LÉRY

Lui permettez-vous de satisfaire un petit
mouvement de jalousie ? (*Elle jette au feu
la bourse bleue.*)

CHAVIGNY

Ernestine, je vous adore !

MADAME DE LÉRY *regarde brûler la bourse ; elle
s'approche de Chavigny, et lui dit tendrement :*

Vous n'aimez donc plus M<sup>me</sup> de Blainville ?

CHAVIGNY

Ah! grand Dieu ! je ne l'ai jamais aimée.

MADAME DE LÉRY

Ni moi non plus, monsieur de Chavigny.

CHAVIGNY

Mais qui a pu vous dire que je pensais à
cette femme-là ? Ah! ce n'est pas à elle à
qui je demanderai jamais un instant de

bonheur ; ce n'est pas elle qui me le donnera !

### MADAME DE LÉRY

Ni moi non plus, monsieur de Chavigny.
Vous venez de me faire un petit sacrifice,
c'est très galant de votre part ; mais je ne
veux pas vous tromper : la bourse rouge
n'est pas de ma façon.

### CHAVIGNY

Est-il possible ? Qui est-ce donc qui l'a
faite ?

### MADAME DE LÉRY

C'est une main plus belle que la mienne.
Faites-moi la grâce de réfléchir une minute
et de m'expliquer cette énigme à mon tour.
Vous m'avez fait, en bon français, une dé-
claration très aimable ; vous vous êtes mis
à deux genoux par terre, et remarquez
qu'il n'y a pas de tapis ; je vous ai demandé
votre bourse bleue, et vous me l'avez
laissée brûler. Qui suis-je donc, dites-moi,
pour mériter tout cela ? Que me trouvez-
vous de si extraordinaire. Je ne suis pas
mal, c'est vrai : je suis jeune ; il est certain que j'ai le pied petit. Mais enfin ce
n'est pas si rare. Quand nous nous serons
prouvé l'un à l'autre que je suis une coquette et vous un libertin, uniquement
parce qu'il est minuit et que nous sommes
en tête-à-tête, voilà un beau fait d'armes
que nous aurons à écrire dans nos Mé-
moires ! C'est pourtant là tout, n'est-ce pas ?
Et ce que vous m'accordez en riant, ce qui
ne vous coûte pas même un regret, ce sacrifice insignifiant que vous faites à un caprice plus insignifiant encore, vous le re-
fusez à la seule femme qui vous aime, à la
seule femme que vous aimez ! (*On entend le
bruit d'une voiture.*)

CHAVIGNY

Mais, madame, qui a pu vous instruire ?

MADAME DE LÉRY

Parlez plus bas, monsieur ; la voilà qui rentre, et cette voiture vient me chercher. Je n'ai pas le temps de vous faire ma morale ; vous êtes homme de cœur, et votre cœur vous la fera. Si vous trouvez que Mathilde a les yeux rouges, essuyez-les avec cette petite bourse que ses larmes reconnaîtront, car c'est votre bonne, brave et fidèle femme qui a passé quinze jours à la faire. Adieu, vous m'en voudrez aujourd'hui, mais vous aurez demain quelque amitié pour moi, et, croyez-moi, cela vaut mieux qu'un caprice. Mais s'il vous en faut un absolument, tenez, voilà Mathilde, vous en avez un beau à vous passer ce soir. Il vous en fera, j'espère, oublier un autre que personne au monde, pas même elle, ne saura jamais. (*Mathilde entre. M*ᵐᵉ *de Léry va à sa rencontre et l'embrasse ; M. de Chavigny les regarde, il s'approche d'elles, prend sur la tête de sa femme la guirlande de fleurs de M*ᵐᵉ *de Léry, et dit à celle-ci en la lui rendant :*) Je vous demande pardon, madame, elle le saura, et je n'oublierai jamais qu'un jeune curé fait les meilleurs sermons.

FIN DE « UN CAPRICE »

# RAPPELLE-TOI

## (Vergiss mein nicht)

PAROLES FAITES SUR LA MUSIQUE DE MOZART

Rappelle-toi, quand l'Aurore craintive
Ouvre au Soleil son palais enchanté;
Rappelle-toi, lorsque la nuit pensive
Passe en rêvant sous son voile argenté;
A l'appel du plaisir lorsque ton sein palpite,
Aux doux songes du soir lorsque l'ombre t'invite,
    Ecoute au fond des bois
    Murmurer une voix :
      Rappelle-toi.

Rappelle-toi, lorsque les destinées
M'auront de toi pour jamais séparé,
Quand le chagrin, l'exil et les années
Auront flétri ce cœur désespéré;
Songe à mon triste amour, songe à l'adieu suprême!
L'absence ni le temps ne sont rien quand on aime.
    Tant que mon cœur battra,
    Toujours il te dira :
      Rappelle-toi.

Rappelle-toi, quand sous la froide terre
Mon cœur brisé pour toujours dormira;
Rappelle-toi quand la fleur solitaire
Sur mon tombeau doucement s'ouvrira.
Je ne te verrai plus; mais mon âme immortelle
Reviendra près de toi comme une sœur fidèle.
    Ecoute, dans la nuit,
    Une voix qui gémit :
      Rappelle-toi.

                1842.

# RONDEAU

Fut-il jamais douceur de cœur pareille
A voir Manon dans mes bras sommeiller?
Son front coquet parfume l'oreiller;
Dans son beau sein j'entends son cœur qui veille.
Un songe passe, et s'en vient l'égayer.

Ainsi s'endort une fleur d'églantier,
Dans son calice enfermant une abeille;
Moi, je la berce; un plus charmant métier
        **Fut-il jamais?**

Mais le jour vient, et l'Aurore vermeille
Effeuille au vent son bouquet printanier.
Le peigne en main et la perle à l'oreille,
A son miroir Manon court m'oublier.
Hélas! l'amour sans lendemain ni veille
        Fut-il jamais?

*1842.*

## FIN

Paris. — Imprimerie Nouvelle (assoc. ouvrière), 11, rue Cadet.
A. Mangeot, directeur. — 1576-7.